战略的战略

企业进化罗盘与顶层设计

马魁泉 著

中国人民大学出版社
·北京·

序言

马魁泉的《战略的战略》一书，站在产业进化维度观察企业进化，通过对市场进化周期规律的探究，揭示了企业在战略和组织方面进化的底层逻辑，进而从纵横视角描绘出一幅企业进化的全景图。本书将复杂的经营管理要素和进化规律浓缩为企业进化罗盘模型，通过一个简明的结构框架帮助读者形象地理解复杂的管理活动。

本书的独特之处在于，从纵向视角将外部环境抽象为递进的四类市场，业务与组织战略则对应为四类"元战略"。在不同的市场环境下，企业只要把握好主要矛盾和矛盾的主要方面，追求业务和组织生存的最佳状态，便能实现业务盈利与组织效率的双丰收。这种超越传统战略周期，以"战略的战略"高度来观察企业的方式，为企业的发展提供了前所未有的思考路径。

在企业进化的不同市场周期，企业需要根据新环境设定全新的成功理论，从横向视角建立全新的顶层设计理念。本书为读者展示了一个全新的企业顶层设计思考框架：以战略定位、增长路径、竞争策略和核心能力为构件的事业理论，以梯队能力、组织形态、组织运行和管理机制为构件的组织理论。

本书重点阐述了散点市场、线性市场、全面市场和立体市场这四类环境下，企业战略和组织顶层设计需要锚定的纲领原则。通过理论和案例分析，本书揭示了前沿化战略、专业化战略、方案化战略以及生态化战略的关键要点。同时，本书强调了与战略相对应的企业家精神、干部实干精神、团队系统合力以及员工职业化四种驱动力的打造规律。

本书最后论述了企业进化与变革管理。介绍了企业进化的四种方式——文化突变、业务衍生、分化成长和市场选择，并为读者提供了实践案例。此外，本书还详细阐述了变革管理的步骤和推进方法，强调了发展纲领共识、组织行为进化和员工行为进化等，为读者应对变革提供了具体指导。

本书为企业管理者提供了一个全新的企业管理思考模型和工具，帮助他们从纵横视角审视企业的发展。作者凭借敏锐的学术洞察力和丰富的咨询实践经验，揭示了企业进化的底层逻辑和顶层设计的要义。这些不仅对企业家和管理者实践具有重要指导意义，对战略管理的研究学者也具有独特的研究和参考价值。

彭剑锋
中国人民大学教授
华夏基石管理咨询集团董事长

前言

2017年10月始,笔者主持小康集团(2022年更名赛力斯集团股份有限公司)企业文化项目,组建了由70多位中高层管理者和华夏基石管理专家参与的联合团队。之后团队投入半年多的时间,经过管理协同诊断、循环研讨和共同撰写,拿出了提交执行委员会审批的《小康发展基本法》试行版。当时,小康集团发展研究院下设有一个战略蓝军部,负责站在对抗视角对集团重大战略事项提出反向研究意见。蓝军部提出,由于《小康发展基本法》具有重大意义,还要做一个与《华为基本法》的对标研究,找到优劣之处,进行根因分析,否则不予通过。

刚刚完成研究第一阶段的词频统计,研究人员就吃了一惊:两部字数接近的企业发展纲领,高频词排序天差地别。《华为基本法》的前十大高频词依次是:产品、控制、组织、事业、责任、分配、流程、质量、成本、技术。《小康发展基本法》的前十大高频词依次是：用户、服务、智能、品牌、人才、产品、价值、平台、技术、战略。《华为基本法》传播广泛，其许多管理思想与理念被企业家们奉为圭臬，而《小康发展基本法》和它差异这么大，是不是咨询公司的研究成果和干部们的研讨成果有问题？

研究人员进一步统计了 2018 年 4 月发布的《华为人力资源管理纲要 2.0》的高频词，大家悬着的心放了下来。从词频分析可以看出，《小康发展基本法》频次前 20 的词汇中有 11 个与《华为人力资源管理纲要 2.0》重合，这一定程度上说明二者具有管理思想上的相通性，都是在互联网产业大发展背景下诞生的，都具备引领产业变革的前沿性。

从 20 世纪 90 年代的《华为基本法》，到 2014 年的《以奋斗者为本》、2016 年的《以客户为中心》和 2017 年的《价值为纲》即"管理纲要 1.0"，再到《华为人力资源管理纲要 2.0》，华为持续对核心理念、价值观体系、基本经营政策、基本管理原则进行迭代，在每个发展阶段都能够对过去、现在、未来进行系统性思考。

通过对比华为相隔 20 多年的两份发展纲领，高频词出现如此大的差异，笔者隐约感受到市场变迁、技术演进、商业模式升级、组织形态演化背后的逻辑端倪，萌生了对企业进化规律进一步探究的兴趣。

一、为什么写这本书？

笔者一直想窥探企业管理概貌，找到管理要素之间的作用机理，并用"一条线"把它们串起来，却屡屡不得法。求学期间，在管理概念和案例间穿梭，知其然不知其所以然。在企业任职时，领悟个别职能模块要义，但对其与业务之间的关联仅有皮毛之见。直至进入管理咨询机构，身边同事多为管理大咖，他们在前面跑，笔者在后面追，就拾得很多洞察卓见。华夏基石倡导为客户创造价值，与客户共同成长，在长期和众多优秀企业家、职业经理人进行头脑风暴后，笔者完成了多部企业文化纲领，虽似有开窍，窥见星星点点管理原理，但困惑仍时时满怀。

笔者首先困惑的是，横向维度看企业管理，应该包含哪些要素？又有怎样的产出规律？

管理理论就像一个"黑箱"，把资源要素输入"黑箱"，经过一定作用过程，产出有形产品或无形产品。不同的理论学派从不同角度对"黑箱"机理的解释大相径庭，管理科学学派关注目标管理，管理过程学派强调管理套路，行为学派突显经理人角色，经验主义学派重视人才知识价值，决策理论学派追求满意方案，社会合作系统学派讲究人际互动，系统管理学派看重组织协调。管理学界各门各派的理论自成体系，各有侧重，又难以一通全貌。

再看管理实践领域,企业遇到问题时,要么是有病乱投医,各路专家"走马灯"般来讲课,头痛医头、脚痛医脚;要么是眉毛胡子一把抓,高层四处救火,难以找到关键要素。企业管理人员做业务的管不好组织,管组织的搞不懂业务。有的业务管理者只关注业务指标,忽视了团队与个人成长。有的人力资源管理者只关注组织绩效,忽视业务需求,缺乏对业务的深刻理解。有的人提出战略与组织协同演化,互相影响,互相决定,这种认知看似非常辩证,但如果不能打通市场、业务、组织背后的底层逻辑,对系统解决企业问题无甚意义。

在企业管理横向维度探索上,有几个管理大家的思想具有很大启发性。爱迪思的《企业生命周期》提出企业"管理黑箱"由决策文化系统、执行权威系统、价值回报系统三大系统组成。杨国安教授的《组织能力的杨三角》提出企业持续成功 = 战略 × 组织能力,"杨三角"组织能力由"员工意愿、员工能力、治理环境"三个维度组成。

彭剑锋教授提出"企业持续成功的系统思考十大维度":使命愿景、价值立场、事业领域、成长路径、资源配置、成长策略、核心能力、组织形态、组织治理、人才机制。施炜教授的《企业成长导航》提出"一心开二门","一心"就是以使命、愿景为核心的事业理论;"二门"之一就是战略,即企业成长的方向、逻辑和路径;另一扇门则是组织,即战略目标的责任主体和实现目标的支撑力量。这些从横向维度对管理要素的系统思考，照亮了笔者前行的道路，让笔者似乎看到了心中企业进化罗盘的轮廓。

彭剑锋教授曾回忆道："华夏基石对企业发展的系统思考以及系统表述，是从我们起草《华为基本法》开始的，我们也称《华为基本法》是对企业的系统思考与顶层设计。"华夏基石从1995年开始，帮助很多中国企业贯彻长期价值主义的一个很重要的做法，就是帮助企业去完成系统思考，帮助企业去做顶层设计。顶层设计，笔者把它称为企业长期价值主义的正确表达，是企业家精神与高层管理者的意志、智慧、共识及领导力的集中表现，是战略的战略。

笔者其次困惑的是，纵向维度看企业管理演进，应该包含哪些阶段？各有什么规律？

很多书籍、媒体传播的管理理念和管理方法具有特定背景，企业学习时若只是生搬硬套，容易忽略不同市场特征、不同发展阶段的差异。有的理念强调专业专注、资源聚焦、压强原理；有的强调不把鸡蛋放到同一个篮子里，押注不同团队在相同赛道创业试错；有的倡导军队式管理，树立流程权威，一切以制度为主；有的强调无为式管理，倡导让听见炮声的人决策，一切以用户需求为主；有的强调"拧麻花"式管理，理念上倡导团队奋斗，实际激励机制导向个人贡献……这到底是方法论上的多元化还是管理上的和稀泥？

有的企业被市场强行改变组织形态，组织理念却未能及时更新。管理理念与管理实践的脱节是企业常见问题，用落后的理念指导具体实践，导致运行系统效率降低。有的企业管理理念超前，擅长拿来主义，但是吸收贯彻得慢，很多理念最后沦为口号，不但没有指导意义，反而给员工造成错觉。理念与实践脱节，将会严重影响企业的健康发展。例如，企业在缺乏产业链长板能力的条件下，提出产业生态的经营理念，很容易出现对战略性资源的错误投入。

很多企业盲目学习成功标杆企业，忽略自身所处行业与阶段的特征。企业管理在于实践，强调的是个性化，但现实中不少企业照搬照抄、简单模仿。比如，互联网企业的高薪酬和员工股权激励政策，源自行业的高知识密度特征和高速成长阶段特征，处于低知识密度行业的其他企业学习互联网企业的高薪酬策略是不理性的。企业如果只有几十人规模，不应照搬华为等大型企业的流程化管理体系。倒下去的企业难以看见，站起来的企业难以学会。优秀企业是历练出来的，是实践出来的，它们在艰苦卓绝的竞争中，走通了自己的成功逻辑，夯实了自己的事业理论。

在企业管理纵向维度探索上，华夏基石的专家们已经有系统思考。在如何构建与落地理念体系方面，彭剑锋教授提出了"企业文化六种力量"：企业文化是一种假设，企业文化是一种信仰，企业文化是一种立场，企业文化是一种共识，企业文化是一种契约，企业文化是一种习惯。前三种力量是理念阶段要点，后三种力量是落地阶段要点。施炜教授在《管理架构师》中提出了"战略活动化、活动流程化、流程组织化、组织机制化"，打通了战略到机制的一体化底层逻辑路径。

施炜教授在《企业成长导航》中提出了基于本土企业实践、具有实用意义的企业成长模型，包括以下五个阶段：为生存而探索机会的创业阶段，依靠外部机遇而成长的机会成长阶段，有组织能力支撑的系统成长阶段，按照相关原则拓展多元业务的分蘖成长阶段，重构战略和组织的重构成长阶段。企业成长的五个阶段划分有助于我们分析、判断企业纵向成长过程，以及各阶段典型、共性特征和问题，从而提出针对性的对策和方法。

从纵横两个维度看企业发展，是笔者这些年从事企业文化咨询和教练辅导的基本方法，也是华夏基石"基于战略的战略视角，底层探究，顶层设计"方法论的体现。在实践中，为更清晰地应用企业管理纵横维度方法论，笔者用"太极生两仪，两仪生四象，四象生八卦"的方式，将横向管理要素和纵向进化规律整合为一个模型——"企业进化罗盘"。在咨询实践中，它帮助笔者对企业问题更简要地做一些初步定量和定性的判断分析。在整理这个模型相关资料的过程中，内容越写越多，于是笔者就想进一步扩展，形成一本更系统的管理类参考工具书。

二、这本书讲的企业进化罗盘是什么？

本书的主书名为"战略的战略"，一是因为这是一本讲企业进化的书，企业可能因文化突变而快速进化，也可能因漫长的市场选择而进化，需要超越一般战略周期，对企业进行长期的观察与思考，可称为"战略的战略"视角。二是因为本书回溯市场、业务、组织之间的底层逻辑，将企业外部环境抽象为四类市场，相对应的业务与组织战略抽象为四类"元战略"，"元战略"是企业进行战略规划的内核，可称为"战略的战略"。三是本书认为企业的顶层设计要素是企业成功的假设系统，是指导企业战略制定的价值原则，也可称为"战略的战略"。

用一句话定义"战略的战略"，就是指企业进化的底层逻辑与顶层设计。

底层逻辑讲的是从纵向维度看企业进化的基本规律，本书的架构也是按照散点市场、线性市场、全面市场、立体市场的基本进化规律谋篇。

企业顶层设计是本书阐述的重点，是从横向视角厘清企业的经营管理要素，阐明企业进化到一定的市场环境下，需要聚焦的价值原则。

本书通过纵横维度结合，期望呈现企业进化的全周期、全场景概貌。

为了更直观地阐释企业进化的底层逻辑和顶层设计要素，笔者归纳了"企业进化罗盘"模型，如图1所示。

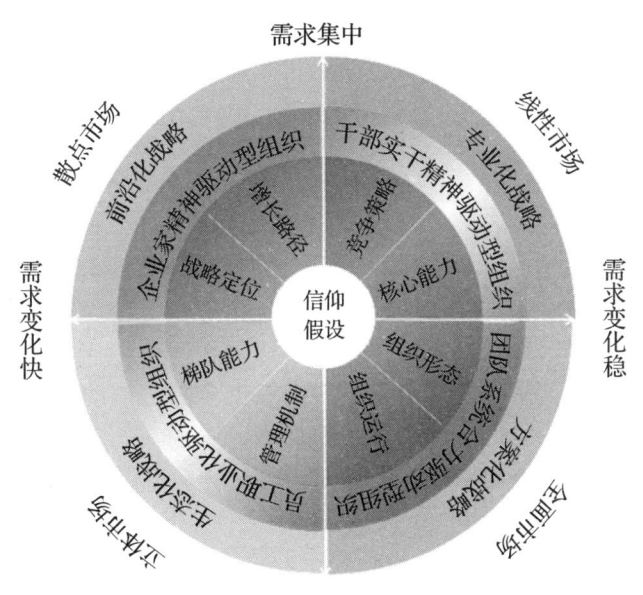

图1 "企业进化罗盘"示意图

注："企业进化罗盘"示意图及释义已经登记知识产权，使用与转载请联系作者授权。

罗盘依据纵向市场需求结构和横向需求生命周期，划分为四个象限，这四个象限分别代表企业四种生存环境。四种环境顺时针持续变化，螺旋上升，循环迭代，生生不息。

罗盘四个象限的外面三圈讲的是企业进化的底层逻辑，罗盘四个象限的内圈讲的是企业进化的顶层设计要素。

罗盘的最外圈是企业面临的四类外部环境，笔者依据经验将其分为散点市场、线性市场、全面市场、立体市场。

罗盘的第二圈是企业为适应这四类环境所对应采取的底层战略，分别是前沿化战略、专业化战略、方案化战略、生态化战略。

罗盘的第三圈是企业支撑这四类战略的组织类型，分别是企业家精神驱动型组织、干部实干精神驱动型组织、团队系统合力驱动型组织、员工职业化驱动型组织。

市场、业务与组织三者相互协调，互相统一。当市场环境向下一个象限演进变化时，业务与组织也会随之被动演化或主动进化。

罗盘的内圈，是企业管理体系的八大要素，分别是战略体系的战略定位、增长路径，运营体系的竞争策略、核心能力，组织体系的组织形态、组织运行，人力资源体系的梯队能力、管理机制。企业进化到不同的市场环境，管理体系八大要素有不同的价值导向，形成在该市场环境下的顶层发展纲领。

罗盘的核心是信仰假设，也就是企业对环境的假设和基于假设形成的核心理念。有什么样的核心理念，就有什么样的战略和组织。企业的信仰和假设发生改变，也预示着企业主动谋求朝新的方向进化。

基于企业进化罗盘模型，企业无论处于哪个市场环境与发展阶段，战略方向与组织能力都要协调一致。

企业面临四类市场环境，不能贪心妄想都投入力量进入。企业有四个可选择的战略方向，不能不自量力，分散力量四处出击。企业必须在四个象限中选择一个象限为主，在一个阶段聚焦一个环境类型，以一个业务方向及组织能力为主，这种市场、业务、组织的协调一致将产生 1>N 的聚焦力量。

1>N 是企业进化罗盘模型的核心理论逻辑，企业须基于此对顶层设计要素进行系统思考，指导经营管理行为，塑造企业文化，构建长期竞争优势。

企业应做到力出一孔：企业战略定位、增长路径、竞争策略、核心能力要统一到一个事业理论，拧成一股聚焦的事业力量。

企业应做到利出一孔：组织形态、组织运行、梯队能力、管理机制要导向战略定位，战略与组织双剑合璧就能无往而不胜。

企业进化罗盘是一个管理者策略思考的工具，有助于管理者站在纵横视角审视市场、业务与组织的现状和未来趋势，启发企业顶层设计思路。企业进化罗盘也有利于形成管理者共同语言平台，聚焦关键管理主题，统一企业管理行为，助力企业成长进化。

三、这本书写的什么内容？

中国哲学思想是统一整体观，"天人合一""一年四季""二十四节气""太极八卦"等，都是这种整体观的体现。中国哲学在方法论层面，善于运用普遍联系的整体方法去认识世界、认识人生。企业进化罗盘就是在前辈管理学者和咨询顾问的实践经验基础上，试图用统一整体观，将企业经营管理的要素和进化规律浓缩为一个模型，以简单化、形象化表达复杂的管理规律和管理活动。

本书主要分为六个部分。

第一部分为企业进化罗盘模型的理论解释。第一章介绍企业进化罗盘模型隐含的三个基本假设。第二章首先介绍四类市场环境的划分方法和主要特征，然后从纵向视角介绍业务进化和组织进化的基本规律。第三章从横向视角介绍企业顶层设计，主要分为事业理论顶层设计体系和组织理论顶层设计体系。

第二部分为散点市场进化的战略方向与组织能力来源。第四章首先介绍了散点市场充满不确定性的特点，再分别从痛点思维、产品创新、市场转化三方面介绍前沿化战略的操作要点。第五章介绍前沿化战略依靠企业家精神驱动力，而这种驱动力源自任务型组织形态、文化协同、信念共同体的构建。

第三部分为线性市场进化的战略方向与组织能力来源。第六章首先介绍线性市场这个商业奥林匹克赛道的竞争激烈，以及如何利用经验曲线效应实施专业化战略。重点介绍具备专业化战略的卓越运营能力，需要把握"深淘滩，低作堰"的专注、规模化的赛道跃迁、超值品牌竞争三个要点。第七章介绍专业化战略的成功，有赖于打造干部实干精神驱动力，通过干部梯队专业化，打造功能型组织，建立目标管理机制，共同缔造利益共同体。

第四部分为全面市场进化的战略方向和组织能力来源。第八章介绍全面市场的解决方案系统需求、依赖集团军作战的市场特征，再分别从培养客户黏性、延伸客户价值、最大化整体效率三个方面介绍方案化战略的要点。第九章介绍方案化战略需要从个人奋斗转型为群体奋斗，依靠团队能力作战，需要建设大平台支撑的结果型组织、树立端到端流程权威、打造追求长期价值的事业共同体。

第五部分为立体市场进化的战略方向和组织能力来源。第十章介绍立体市场的产业生态圈特征，并从生态化战略的供需一体化、快速系统创新、整合能力建设三方面，讲述如何从经营企业到经营产业，如何成为产业价值链的组织者。第十一章介绍生态化战略成功有赖于激发个体价值创造活力，而这种驱动力来源于关系型组织形态、市场协同运行、命运共同体机制。

第六部分是企业进化管理。第十二章介绍了企业进化的四种方式，分别是文化突变、业务衍生、分化成长、市场选择。四种企业进化方式是四种市场环境下企业变革的底层逻辑，为企业变革管理举措提供理论依据。第十三章主要介绍企业变革的步骤和变革管理推进方法。重点阐释变革前期的诊断与发展纲领共识的重要性，然后分别介绍发展纲领在组织行为层面如何落地，在人的行为层面如何落地，最后介绍如何优化价值激励系统来支撑变革。

管理是一门实践的艺术，知行合一，方见功夫。企业进化罗盘还是一个处于持续探索中的管理工具，需要在实践中调整、修正，希望读者多提宝贵意见和建议。

目录

第一部分　战略的战略：企业进化导论

第一章　企业长期发展的基石　003
一、长期价值主义穿越周期　007
二、基于价值原则的管理　011
三、1>N 的元战略思维　014

第二章　企业进化的底层逻辑　016
一、市场周期：从点到线，从线到面，从面到体　017
二、业务进化：从一点突破到生态合作　020
三、组织进化：从企业家精神驱动到员工职业化驱动　027

第三章　企业进化的顶层设计　037
一、事业理论顶层设计体系　038
二、组织理论顶层设计体系　057

第二部分　散点市场进化

第四章　前沿化战略：从零到一创造未来　081
一、散点市场：充满不确定性的商业丛林　082
二、散点市场事业理论：互联网思维，以变应变　084
三、战略定位：从需求思维到痛点思维，以点突破　087
四、增长路径：产品颠覆性创新，探索与市场共生轨道　090
五、竞争策略：坚持最低市场能级原理，实现最大概率商业成功　094
六、核心能力：动态打造领先产品　097

第五章　企业家精神驱动型组织：从企业家的企业，到企业的企业家　101
一、梯队能力：企业家的务实理想主义　102
二、组织形态：任务型组织，组织"倒下去"，个人"站起来"　106
三、组织运行：文化协同，唯有文化源头活水来　110
四、管理机制：构建信念共同体，因相信而看见　112

第三部分　线性市场进化

第六章　专业化战略：从短期机会主义走向长期价值主义　119
一、线性市场：看得见的商业奥林匹克赛道　120
二、线性市场事业理论：经验曲线效应　122

三、战略定位：专注一类需求，深淘滩，低作堰 125

四、增长路径：赛道跃迁，规模开发，世界就是
我的舞台 128

五、竞争策略：超值品牌竞争，要么第一，要么唯一 131

六、核心能力：把事情做到极致的卓越运营 134

第七章 干部实干精神驱动型组织：从火车头到动车组 137

一、梯队能力：从执行器到指挥器，让组织富有效能 138

二、组织形态：功能型组织，专业化基础上的组合 142

三、组织运行：目标管理，正态循环，激活组织沉淀层 145

四、管理机制：打造利益共同体，经营有结果的人 147

第四部分 全面市场进化

第八章 方案化战略：从卖产品到解决问题 153

一、全面市场：满足系统需求的集团军战场 154

二、全面市场事业理论：核心能力延伸 157

三、战略定位：培养客户黏性，全面解决客户问题 162

四、增长路径：延伸客户价值，纵向沿产品价值链，
横向沿客户价值链 167

五、竞争策略：最优组合，最大化整体效率 171

六、核心能力：系统管理能力，聚是一团火，
散是满天星 174

第九章　团队系统合力驱动型组织：从个体奋斗到群体奋斗　178
一、梯队能力：凝聚力、执行力、创新力、战斗力建设　179
二、组织形态：结果型组织，大平台支撑的大兵团作战　183
三、组织运行：流程权威让价值在端到端顺畅流动　188
四、管理机制：打造事业共同体，从追求短期利益到
　　追求长期价值　192

第五部分　立体市场进化

第十章　生态化战略：从经营企业到经营产业　199
一、立体市场：动态多元的供需生态圈　200
二、立体市场事业理论：基于长板理论的网络效应　208
三、战略定位：让长板更长，成为产业价值链的组织者　212
四、增长路径：供需一体化，融合式用户链+开放式
　　产业链　215
五、竞争策略：快速构建系统性创新价值　220
六、核心能力：多元要素整合，全球资源运营　224

第十一章　员工职业化驱动型组织：激发个体价值创造活力　230
一、梯队能力：员工职业化，从竞争驱动到能力驱动　231
二、组织形态：关系型组织，共同价值观下的超级联盟　235
三、组织运行：市场协同，从书面契约到心理契约　237
四、管理机制：缔造命运共同体，共创未来，共享成长　240

第六部分　企业进化管理

第十二章　企业进化的方式　247
一、文化突变：理念进化，引领变革　249
二、业务衍生：基因传承，生生不息　252
三、分化成长：第二曲线，双元驱动　253
四、市场选择：优胜劣汰，螺旋进化　256

第十三章　企业变革管理七步法　263
一、团队协同诊断：让变革需求合法化　265
二、发展纲领共识：企业认知顶层设计　273
三、平行组织建设：纵向到顶，横向到边　277
四、组织行为进化：战略运营管理闭环　281
五、干部行为进化：人才价值管理循环　288
六、员工行为进化：统一价值观方法论　295
七、奋斗驱动机制：优化价值激励系统　302

第一部分

战略的战略:企业进化导论

第一章

企业长期发展的基石

作家柳青的《创业史》写道：人生的道路虽然漫长，但要紧处常常只有几步，特别是当人年轻的时候。没有一个人的生活道路是笔直的、没有岔道的，有些岔道口譬如政治上的岔道口、个人生活上的岔道口，你走错一步，可以影响人生的一个时期，也可以影响人生。

多年前的选择决定了你今天的结果，今天的选择决定了你多年后的成就，人生之路如此，企业成长之路亦如此。在进行企业文化领域的学习与咨询过程中，笔者发现大部分企业虽然行业不同，存在的问题也纷繁复杂，但在特定的进化周期核心矛盾往往就那么一两个。

华夏基石早期案例《华为基本法》开创了"知识资本化"理念，进而系统解决了大规模知识分子组织化难题；《华侨城宪章》突破了企业外部高度市场竞争、内部国有体制条件限制的矛盾，大胆开启了"一手托两边"的机制创新,大大释放了企业活力;华夏基石近期案例《歌尔文化大纲》打破了制造业在微笑曲线底部挣扎的困境,创立了 W 曲线理论,寻找到一条中国研发制造模式的创新之路。

"抓住主要矛盾,深究矛盾的主要方面",进而在哲学层面找到企业成长锚,并在理念层面系统思考企业的价值锚点,是华夏基石企业文化咨询的基本方法。按照华夏基石"洞察底层逻辑,系统顶层设计"的咨询思路,经过层层剥茧,找出核心矛盾的底层逻辑,往往能纲举目张,梳理出整体解决方向和方案。

企业成长锚是企业对未来发展的目标假设,及支撑企业实现目标的价值原则。只有对未来经营正确假设,才能使组织和人有正确的方向。这个假设系统恰恰是很多企业思考不清楚的,因为企业做经营假设的前提,是对社会结构、市场、技术层面有更长远、更深刻的洞察,更重要的是企业家群体本身有抱负、格局、境界。笔者有个亲戚大学毕业找工作时,请笔者帮他参谋。笔者问:"你想找什么工作?"他说:"有个工作干就可以,干什么都行!"笔者说:"那随便找一个工作就行了。"很多人不知道自己想干什么、能干什么。同理,大部分企业不知道自己要成为、能够成为什么样的企业。如果没有清晰的目标假设,就无法和环境发生具体的关系。

2020 年 6 月 19 日,华为总裁任正非在《星光不问赶路人》讲话中说了这么一段话:"克劳塞维茨在《战争论》中讲过,伟大的将军们是在茫茫黑暗中，把自己的心拿出来点燃，用微光照亮队伍前行。什么叫战略？就是目标要与能力匹配。我司历经三十几年的战略假设是：依托全球化平台，聚焦一切力量攻击一个'城墙口'，实施战略突破，而现实是我们的理想与我们的遭遇不一致，美国的制裁使我们全球化战略不能完全实施，我们可能依靠不了部分全球化平台，至少最先进的美国平台不支持我们……时代证实了我们过去的战略是偏斜的，是不完全正确的，我们的能力很不符合现实生存与发展的需求。"

汇川技术董事长朱兴明有个形象的比喻：影响一个企业成功的要素，时代是千位级的，战略是百位级的，公司治理是十位级的，管理是个位级的。他认为每一个企业家要有意识地对时代的重大事件、业务相关的大事件，自觉地、刻意地作出假设。企业一定要顺应时代、顺势而为，基于未来更长远的假设，为解决社会的一个重大问题，去设置企业的使命与价值原则，才能给企业带来更大的发展前途。

福特在1920年为企业树立的使命是"汽车让每个家庭分享快乐时光"，愿景是"平民普及汽车"。花旗银行1915年树立愿景：成为世界最强大、服务最好、地域最广的金融机构。花旗银行目前的行业地位和运行机制，会使人想起福尔摩斯所说的：这个世界上最伟大的事情不是我们站在哪里，而是我们要朝哪个方向走。2019年腾讯将企业使命更新为"用户为本，科技向善"。这些价值原则让企业找到了持久不懈的奋斗动力，也成为企业制定战略规划的"指南针"。

2000年的一天,软银集团孙正义听了5分钟阿里巴巴电子商务愿景的描述后,就毅然决然投资2 000万美元。之后,阿里巴巴在"让天下没有难做的生意"的使命指引下,从最早的B2B平台1688,发展到C2C平台淘宝,再分拆出B2C平台天猫,直至2012年开展全产业战略布局。"因相信而看见",阿里巴巴基于未来出发思考问题,洞察趋势,谋定终局。

企业面对未来的不确定性,只能将希望寄托在自己身上,有效地将力量配置在自己选择的目标上。如何有效地将力量配置在自己选择的目标上,最关键的就是价值原则,即企业全员能否有一个共同的价值观。彭剑锋教授曾言:华为文化之所以能发挥把员工凝聚在一起的作用,关键在于华为价值观的假设系统。比如"知识是资本"的假设、"智力资本是企业价值创造的主导要素"的假设。正是华为文化的假设系统使华为人认同公司的目标,把自己的人生追求与公司的目标相结合。调节个人与个人之间、个人与团队之间、个人与公司之间的相互利益关系,从而形成文化对华为人行为的牵引和约束。

价值原则与战略的关系就像人的观念与行为的关系:人先对事物有了初步认知和看法,产生了对该事物的价值观,然后才产生在观念指导下的行为,而行为实践后又会影响人先前的观念。从理论与实践的关系角度看,价值原则引领企业战略,是战略的战略,企业的一切行动都必须在价值原则的指导和约束下进行,一切的组织行为和个人行为都必须与价值原则保持一致。

企业进化罗盘是一个指导企业进化的管理工具，学习前需要了解这个工具的三个基本假设：长期价值主义穿越周期；基于价值原则的管理；1>N 的元战略思维。

一、长期价值主义穿越周期

"没有企业的时代，只有时代的企业"。企业在时代的某个阶段，满足了市场需求，实现了存续与成长，随着环境变化，企业必须转型升级，否则将被市场淘汰。达尔文在《物种起源》一书中提出了进化论，面对外部环境的变化以及生物之间的生存竞争，只有那些能够持续进化、适应环境的物种才能存活下来。

时代大潮浩浩汤汤、排山倒海，企业如叶叶扁舟，或顺势航行，或逆势倾翻。2020 年后，房地产、教育培训、互联网行业的国家政策调整，就是时代洪流带来的颠覆性改变，企业家无能为力。华夏基石产业服务集团 CEO 张文锋曾言：某种意义上来说，企业只是环境的产物。企业只能顺应时代发展趋势、适应商业环境变化，不犯历史性错误，不错失战略性发展机遇。

战略是实现使命和愿景的手段，是取得最佳效益的方法路径。一直以来，企业按照 3～5 年战略规划周期与 1 年运营周期的方式，审视外部环境，评估内部资源，制定战略目标并设定实现目标的各个步骤。当前时期，企业面临的外部环境日益多元、动荡，企业要回归使命初心，回归长期价值主义，提升认知与能力，应对环境的变化。彭剑锋教授认为：中国企业只有以客户为中心，奉行长期价值主义，从机会成长转向战略成长，从野蛮成长转向文明成长，从规模成长转向品质成长，才能真正提升全球竞争力。

企业发展的空间、方向在短周期内会变动，长周期较稳定，比如大的技术周期一般是 50～60 年，经济周期一般是 20～30 年，投资周期一般是 5～10 年。所以，企业在思考未来假设系统的时候，要"风物长宜放眼量"，放到一个大的产业周期中，结合技术周期和经济周期，去系统思考未来发展。

企业的市场周期是一个螺旋递进的过程，企业进化罗盘划分出散点市场、线性市场、全面市场、立体市场，主体业务处于哪个市场周期，即将进化到哪个市场周期，对于这些需要企业具备终局思维，超越一般的战略规划周期去思考业务的发展。正如亚马逊创始人杰夫·贝索斯（Jeff Bezos）所说的："如果你做一件事，把目光放到未来 3 年，和你同台竞技的人很多，但如果你的目光能放到未来 7 年，那么可以和你同台竞争的人就很少了。因为很少有公司愿意做那么长远的打算。"

惠普是一家典型的缺乏持续进化能力的公司，这家以电脑与打印机闻名的 IT 企业，好像把自己"困住了"，始终在硬件市场挣扎，依靠低价卖机器、高价原装耗材来盈利，难以从线性市场周期进化到全面市场周期。随着惠普创始人去世，其后代因与管理层不和而退出董事会，清空了在公司内的权益，使得这家巨头企业直接变成了由职业经理人运作的公司。缺少创始人情怀和企业家精神，身处科技领域，惠普业务的附加值和成长性却存在问题，让人看不到第二曲线，价值被低估。一位惠普前高管遗憾地谈道：惠普文化曾被惠普人广为赞同，但现在惠普文化都是在"守业"，过于强调尊重、开放，而忽略了如何去创新和进化。

企业进化的本质是文化进化，一个企业只进行了业务变革、流程变革或组织变革，并不一定就能实现进化。任正非说过一句话：所有的生意终将死亡，唯有文化生生不息。市场环境变化后，企业需要在价值选择、价值创造方式、价值评价维度等方面系统地变革，唯有企业文化进化，企业才能从根本上适应新市场环境的要求。

反观和惠普同在 PC 时代大放异彩的 IBM，已经依靠"蓝色文化"的进化，早早从硬件产品的线性市场，转向解决方案的全面市场，现已成功进化到云计算行业的立体市场周期。IBM 前 CEO 郭士纳（Gerstner）曾骄傲地说："谁说大象不能跳舞呢？"善于变革的 IBM，在进化的征程中从未停歇。

2020 年 10 月 12 日百年"蓝色巨人"IBM 再次分家，IBM 将专注于其开放式混合云平台，而新公司勤达睿（Kyndryl）将以更高的敏捷性来运营客户的信息化基础设施，从此，一个标志性的 IBM 时代画上句号，一个全新的 IBM 时代开启。笔者梳理了 IBM 的企业进化史：

以制表机与大型机为代表的技术驱动时代（1924—1980年）：主要事件为制表机穿孔卡第一次把数据转换成二进制信息，IBM 推出了划时代的 System/360 大型计算机。这个时期市场需求集中，企业主要解决数据统计和某个商业领域的数据计算。IBM 依靠领先的技术、产品，以及服务人员的专业性来赢得客户。

以小型机为代表的市场驱动时代（1981—2004年）：主要事件为 IBM 推出 IBM 5150 新款电脑，PC 市场诞生，IBM 推出第一台以 ThinkPad 命名的笔记本电脑 ThinkPad 700C。这个时期计算机市场规模扩大，客户的应用场景变得复杂多样，计算机行业逐渐从卖方市场进入了买方市场，仅仅依靠产品技术和人员专业性已经不能赢得客户。

转型提供解决方案的服务驱动时代（2005—2019年）：主要事件为 IBM 以 35 亿美元高价收购了普华永道咨询公司，IBM 将 ThinkPad 笔记本电脑业务出售给联想，IBM 提出智慧地球、智慧城市的愿景，IBM 超级计算机沃森（Watson）人工智能在美国电视节目《危险边缘》中击败了人类。这一时期市场需求多元化、综合化，IBM 以"硬件+软件+服务"的解决方案模式成为客户的委托人，形成了随需应变的新战略。

以人工智能与云计算为代表的生态驱动时代（2019年以后）：主要事件为 IBM 发起历史上规模最大的一次收购交易，以 340 亿美元收购红帽公司（Red Hat），IBM 与红帽公司共同推出下一代混合云平台。2020年IBM宣布将变革分家,成立勤达睿。这一时期,全球客户的数字化需求变得立体化、复杂化。经过一次次的转型和组织优化,百年IBM逐渐明确未来业务核心,将开启人工智能和云计算平台新时代。

IBM百年商业进化历程,给了我们很多启发和思考:首先,企业需要具有长期高远的使命追求,持续为客户创造价值,持续进化企业文化。IBM企业文化从大型机时代的技术为先,PC时代的行动制胜,解决方案时代的服务客户,一直到云计算时代的开放创新,有力地引领了IBM的战略转型升级。

其次,对未来的战略资源做长期的投入,穿越时空配置资源。没有投入,尤其是对人才、技术、管理等软实力的投入,就形成不了持续创造高价值的能力。IBM出售PC业务、分拆半导体等业务,就是为长期利益牺牲短期利益,用长期价值主义穿越市场周期。

二、基于价值原则的管理

"没有成功的企业,只有成长的企业"。企业在发展的某个阶段,打通了业务与组织的血脉,具备了解决这个阶段问题的能力,就能进入下一阶段。随之而来,企业将面临更加复杂和困难的问题,需进化出新的组织能力。进化中的企业,其基本假设和信仰会发生变化,需要一套新的成功逻辑和价值原则支撑。企业中的不同群体由于偏好、信息、利益或知识的差异，难以形成新的共同目标，并对目标作出实心实意的承诺，这就是大部分企业转型时遇到的难题。

转型中的企业，往往会出现系统性问题。企业感觉到处都是问题，干什么都不太顺利：高层由于环境变化，经常变换思路，学习不同标杆企业；中层则不同思想林立，各行其是，组织越来越复杂；企业文化被稀释，基层老员工拼搏精神越来越弱，新员工难以融入组织，缺乏主动意识。这些系统性问题，需要中高层管理者系统思考、研讨，对于一套新的成功逻辑和价值原则达成共识，指导日常管理和员工行为。

包政教授曾经讲过华为统一价值原则的故事：华为组织过几次内部文化辩论，主办者给出很多题目，由正反两方辩论，以统一员工的价值原则。其中一次辩论，正方的观点是"用人不疑、疑人不用"，反方的观点是"疑人还用人"。后来正方占了上风。任正非现场点评说："用人不疑、疑人不用是以前时代的价值观。"大家一看任总已经表态了，感觉似乎已无讨论的必要。其实，任正非的意思是人都是有缺点的，要靠制度来约束。还有一次辩论的命题是学雷锋，正方的观点是"要学雷锋但不能让雷锋吃亏"，反方的观点是"雷锋不吃亏就不是雷锋了"。这回反方占了上风。任正非在点评时强调，不能让雷锋吃亏。这样，华为又确立了一条人力资源价值原则。

企业发展的底层逻辑往往通过核心理念的方式呈现，企业发展的系列价值原则往往以顶层设计的形式呈现。笔者将这种"核心理念+顶层设计"的方式称为"论语与宪法"的结合。所谓"半部《论语》治天下",是说核心理念比较凝练,语言字斟句酌,易于传播;而顶层设计就像宪法条文一样,比较场景化,语言严谨,指向性强,易于落地执行。《华为基本法》是顶层设计的典型代表,它明确了华为到底要成为一个什么样的企业,为社会创造什么样的价值,到底怎样做才能取得事业成功,以及在各个业务和职能领域到底要采用什么样的价值原则开展工作。

企业文化顶层设计的建设,能帮助企业家群体完成对企业进化的底层逻辑与顶层设计的系统思考,想清楚之后,心就定了,不会摇摆犹豫了。中基层员工在参与企业发展纲领制定过程中,经过理论学习、课题辩论、理念撰写、反复讨论,不仅知道了企业价值原则是什么,还知道了价值原则背后的基本假设原理。经过共同研讨,各领域的业务专家提升了理论素养,建立了共同语言体系,缔结了共同的原则承诺,很快可以把企业价值原则应用到经营管理中。

在华为,当一个中高层管理者脱离华为企业文化背景去抓业务发展、组织建设和制度建设时,就被认为是搞"山头主义"。这会在华为管理机制中形成负反馈,妨碍华为事业的发展,这样的管理者就是思想存在问题,不利于企业文化建设。

如何让基于价值原则的管理发挥作用,华夏基石管理专家夏惊鸣总结只需要一个字,那就是"用",用价值原则指导战略规划与策略的制定，用价值原则修订管理制度，用价值原则培养管理者领导力，用价值原则评价员工行为。只要自上而下各级员工都能把价值原则应用起来，就会系统性改变企业行为、改变员工行为，营造新文化氛围，促进组织能力进化。

三、1>N 的元战略思维

可以把企业比作一个有机生命体，它会随着环境的变化而进化，企业进化包含业务进化和组织进化。业务进化就像动物因环境改变进而改变生存策略和生存方式。组织进化就像动物因生存策略和生存方式改变，身体形态和身体机能随之发生改变。企业并不是面面俱到地进化为一个"万金油"的企业，而是随着环境的不同，演化成最适合环境的形态，极限强化核心能力，塑造核心优势。

把自然界万物进化的一些基本道理应用到商业领域去体会，我们就会豁然开朗。由于存在表面张力，一滴水会以最小表面积形态存在，尽可能保持球体状态。松树叶子很细，像绣花针一样，因为松树要在岩石缝隙里生存，必须减少水分蒸发。

汇川技术董事长朱兴明认为，任何组织都有一个最适合它的最小规模，这种规模能使它的内耗最小、吸收外面的能量最多。这个生存状态就是组织的"一"，可以称为企业的最小物理量。做企业如果找不到"一"，一定是低效的。

现实中，大多数企业的业务模式都不够锋利。企业的本质是什么？企业在做的事业究竟是什么？如果企业建立在产品基础上，那么产品有什么本质价值？如果是建立在服务基础上，企业对服务有什么本质理解？如果企业的竞争策略和竞争对手差不多，那么企业的盈利水平就是行业平均水平。

大多数企业的组织建设都不够决绝。企业不要过早地进行体系化的流程建设、体系化的制度建设，不要"撒辣椒面式"地管理优化。一定要做到"一招鲜"，思考清楚企业的业务面临什么样的市场环境、组织处于什么样的发展阶段。将组织资源聚焦在核心战略定位上，企业才能生存，只有保持战略定力才能成功。

我们总强调组织能力，不能总把眼光放到造势和鼓动员工时时有干劲上，比能力的大小更重要的是能力的方向，组织内部的各种力量究竟有没有被有机地关联起来，朝着一个使命价值去努力，这才是组织能力的重点。

企业进化罗盘模型中，每一个象限中的业务战略、组织战略就是最适宜的"元战略"。元战略就是企业首位的战略，致力于抓住企业发展的最核心要素。元战略是在基本假设条件下，追求企业业务与组织生存的最佳状态。元战略是一种强调 1>N 的聚焦思维，所谓的"1>N"就是"1 大于多"的意思，在哲学上意为抓主要矛盾和抓矛盾的主要方面，目的是在价值原则指引下，实现业务力出一孔、组织利出一孔。

第二章

企业进化的底层逻辑

企业进化是企业与环境交互作用的结果。在适应环境的实践中,企业进行许多尝试,抓住机会,保留效果良好的做法,修正或放弃效果不好的做法,慢慢沉淀出适应新环境的策略。这种交互进化观,被创新和战略专家维贾伊·戈文达拉扬(Vijay Govindarajar)称为"有计划的机会主义",就是说在主观层面做好系统规划,在操作层面充分利用市场选择的机制,这样就会迸发出很多意想不到的机会。

企业进化体现着市场、业务和组织之间的动态匹配关系。在三者的相互关系中,市场和业务的关系是基础的,起到主导作用。市场需求是主导性的要素,需求推动业务战略的改变,进而导致企业组织形态变革。欲理解企业在不同时期的进化策略,需深刻理解市场、业务和组织三者的演进规律,进而把握企业进化的底层逻辑，更好地指导企业经营管理实践。

一、市场周期：从点到线，从线到面，从面到体

市场生态中，客户的含义不仅仅是消费者、采购商或其他组织，其本质是一个个具体的价值需求，体现着人的价值特征。根据马斯洛需求层次理论，人有两种根植于生物学的需求，即基本需求和成长需求，基本需求按照产生的先后顺序排列为：生理需求、安全需求、社交需求以及尊重需求。只有低级需求被满足后，才会出现更高一级的需求。只有在满足所有的基本需求后，才会出现成长需求即自我实现的需求。基本需求简单、集中，成长需求复杂、多元。

人类社会的经济形态发展也符合马斯洛需求层次理论，社会经济发展沿着产品经济—商品经济—服务经济—体验经济的过程演化。产品经济阶段，人们通过农业产出满足生存需要的生产资料和生活资料，只注重产品的基本功能。商品经济阶段，人们通过工业进行标准化、大规模的商品生产，人们不仅对功能有要求，还对商品的款式、质量、安全等方面有要求。服务经济阶段，人们把服务从商品中分离出来，注重销售商品过程中的客户关系，提供额外的服务价值。体验经济阶段，消费者体验从服务经济中分离出来，消费者开始追求情感满足的程度，重视消费过

程的自我体验和自我价值实现。

纵观人类的发展历程，价值需求从低级到高级、从集中到多元，相应的人的价值创造能力也不断提升，从开设手工作坊发展到建立跨国多元集团。以前人们到饭店吃饭，需求主要集中在菜品是否好吃、价格是否合适；现在人们去餐厅吃饭，除了关注点评平台上的菜品推荐，还要对餐厅的文化主题、环境设计、配套服务等方面进行多元评价。

市场变化有一个诞生时变动快，之后逐渐趋向稳定的过程。一个新市场刚诞生的时候，往往是模糊的、不确定的、变化大的，市场需求经过实践验证后，可能很快成长为主流市场，再慢慢地成为稳定市场，最后逐渐衰退，经历导入期、成长期、成熟期、衰退期的市场生命周期。有的市场的生命周期比较短，比如奶茶市场，曾经需要排长队"一杯难求"的一些网红奶茶，一阵流行风潮过后就开始衰落，转瞬就会有另一批新款奶茶流行起来。有的市场的生命周期比较长，像白酒市场，历经多年沉浮，虽不同时期有不同品牌各领风骚，却基本是一个稳定的市场。

笔者结合市场需求结构和市场生命周期两个角度，搭建了点线面体市场进化模型，如图 2-1 所示。纵坐标是市场需求结构，从需求集中到需求多元；横坐标是市场生命周期，从需求变化快到需求变化稳。

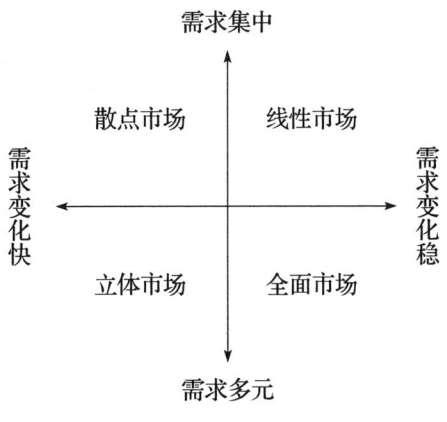

```
         需求集中
            ↑
   散点市场  |  线性市场
            |
需求   ←————+————→   需求
变化        |        变化
快          |         稳
   立体市场  |  全面市场
            |
            ↓
         需求多元
```

图 2-1　点线面体市场进化模型

1. 散点市场

散点市场需求集中且变化快速，具有变化快、不确定性高、非连续性的特性，是供应端需要不断探索、持续创新才能生存的市场。目前，这类市场涵盖互联网软件、游戏、影视、设计创意、管理咨询、风险投资、探矿采矿、建筑、医疗、化妆品、品牌时装等行业。

2. 线性市场

线性市场需求相对集中且变化相对稳定。在线性市场中，未来市场变化是可以预测的，竞争基础是稳定的，企业只要取得竞争优势，就容易长期保持下去。目前，如保险、加工制造、能源、房地产、烟酒、运输、食品、日化、快餐连锁、超市等行业都属于线性市场。

3. 全面市场

全面市场需求层次开始多元化，需求内容丰富化，但是需求变化较稳。全面市场的客户已经不满足于单一的产品或服务，而是需要供应商能帮助其解决一系列问题，解决问题就需要提供包括硬件、软件、服务的综合解决方案。目前，金融、高端制造、新能源汽车、互联网零售、教育、家居装修等行业属于全面市场，传统制造业也会慢慢进入全面市场。

4. 立体市场

立体市场供需端都是多元丰富的，并且需求变化快。大型投资公司、大型集团、互联网内容企业、电商平台、大型汽车企业、行业领袖级企业和组织身处立体市场。

点线面体市场进化模型基于管理理论，结合其他市场分类模型的总结，在诸多管理咨询项目中获得了实践验证。没有正确的环境假设，就难有正确的战略定位。基于这个基础思考框架，笔者希望能更清晰地帮助企业确定产业环境，作出正确的假设，进而制定正确的战略。

二、业务进化：从一点突破到生态合作

市场需求发展的规律是从集中到多元，相对应的企业供应端

的进化规律就是从短价值链发展到长价值链。电子商务发展初期，人们只是在淘宝上购买少量商品，慢慢希望商品和服务更丰富些、支付更方便些、物流更快些。于是阿里巴巴的价值链从单一的网站运营价值链环节，发展出自营的天猫商城、支付环节的支付宝、整合各家物流企业的菜鸟网络等。随着需求日益多元化，阿里巴巴开始整合社会资源延长产业价值链。

市场生命周期发展的规律是需求变化由快到稳，相对应的企业从高知识密度型变为低知识密度型，就像家电行业刚兴起时被认为是高知识密度行业，随着家电技术越来越成熟，慢慢变为低知识密度行业。随着技术成熟与产业成熟，技术不再稀缺，从业人员不再稀缺，企业从技术竞争进入市场竞争阶段。这时，产品价格大幅下降，毛利润降低，人才密度降低，企业发展由技术人才驱动变为市场人才驱动。比如，在汽车行业变革阶段，燃油汽车车型几年才迭代一次，而电动智能汽车车型每年都会迭代，电动智能汽车软件更是频繁更新。这个阶段燃油汽车业务就会被认为是低知识密度型的传统制造业，毛利润低，估值低，而电动智能汽车业务被认为是高知识密度型的科技产业，毛利润相对高，估值高。

早期的大型机时代，竞争中谁的技术发展快一步，谁就在市场上领先一步，IBM依靠技术的先进性和高知识密度的工程师取胜，这才有了IBM的名言"无论是一大步，还是一小步，总是带动世界的脚步"。进入PC时代，需求端追求电脑性能平稳，供应端的技术进步趋缓，开始"挤牙膏"般地释放新技术，IBM 工程师文化趋弱，市场人员地位上升，员工知识密度降低。随着 IBM 开启人工智能和云计算的战略，IBM 必将重拾工程师文化，重建敏捷组织。

基于点线面体市场进化模型的底层逻辑，我们相应地依据纵向业务价值链长短、横向知识密度，建立了四化战略进化模型，如图 2-2 所示。

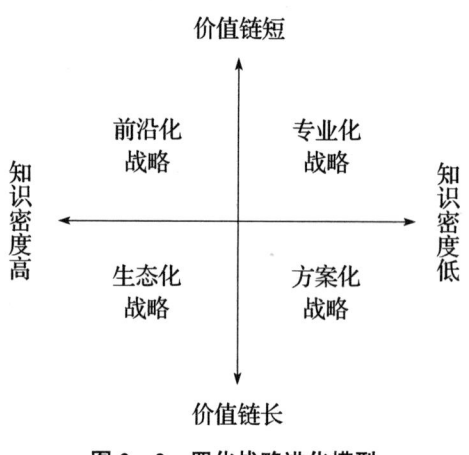

```
                    价值链短
                       ↑
          前沿化   |   专业化
          战略    |   战略
知识              |              知识
密度  ←——————————+——————————→  密度
高                |               低
          生态化   |   方案化
          战略    |   战略
                       ↓
                    价值链长
```

图 2-2　四化战略进化模型

1. 前沿化战略定位

市场端需求集中且变化快，供应端业务成功的底层逻辑是供求关系重构，战略定位是以点突破，靠产品和服务领先。

散点市场需求集中，所以价值创造的核心链条可以比较短。

举一个管理咨询行业比较极端的例子：在某个专业管理咨询领域，一个人、一台电脑、一个办公室就可以成立一个咨询公司，价值创造过程依赖一个人就可以完成。

散点市场需求变化快，价值创造的知识密度比较高，对从业者的能力素质要求比较高，有一定的市场门槛。因此，要想在散点市场成功地生存，必须拥有较高利润，积累足够资源投入新知识、新技术的开发创造。另外，散点市场具有一定非连续性，例如医药行业，一个新药过了专利保护期，大批仿制者就会蜂拥而至，该药品的研发利润率迅速下降，企业必须开发出新的专利药才能保持较高利润率。

散点市场宜采用前沿化战略，其底层逻辑是供求关系重构，需要供应端来创造需求和引领需求，打造洞察变化、迭代产品的能力。采取前沿战略的企业像冲浪选手一样，直面海浪，驾驭激流，敏捷行动，勇立潮头。要想通过供求关系重构来实现战略上的成功，前沿型企业需要掌握三个要点：聚焦需求痛点，把产品或服务做到领先水平，以及在变化中持续迭代。

小米进入手机领域创业初期，并没有直接做手机硬件，而是专注于打造手机操作系统MIUI。小米于2010年8月16日发布了MIUI内测版本，当时小米寻找了100名内测用户，让他们率先将手机更新成MIUI。MIUI每周五更新版本，用户可以第一时间使用新功能。用户如果对新版本不满意，可以在论坛即时"吐槽"，开发人员根据用户反馈意见很快迭代方案，小步快跑，快速试错。小米在 MIUI 成功后才正式做手机硬件。

2. 专业化战略定位

市场需求相对集中且变化稳定，供应端业务成功的底层逻辑是充分专业化分工基础上的一体化，战略定位是大量生产、大量销售。

线性市场阶段，客户对产品质量、功能等方面提出更高的要求，产业分工开始细化，企业开始为客户提供专业化、标准化的产品和服务。标准化产品有利于大规模生产，这时期掌握标准化能力的企业更容易脱颖而出。

线性市场客户需求仍然较为集中，它们开始希望产品和服务做到物美价廉，更注重性价比。原来受专利保护的产品可能要与仿制品竞争，在这种激烈竞争的市场环境下，企业需要拥有清晰的市场定位和强大的执行能力才能生存。

线性市场中，很多厂商的产品和服务都是从散点市场进化而来的，加上互联网技术与全球化市场的加速器作用，某些新产业迅速实现规模化，带动形成产业集群。

线性市场中的企业适宜采用专业化战略，其业务底层逻辑是分工基础上的一体化，企业发展出专业化的职能部门，提升产品标准化程度，强化实现目标的执行能力，追求企业规模化发展。专业化战略提升了企业的供给能力，繁荣了产业生态。

3. 方案化战略定位

需求端市场相对多元，但市场变化缓慢，供应端业务成功的底层逻辑是一体化基础上的专业化分工，战略定位是增强客户黏性，全面解决客户的问题。

全面市场中，企业创造价值的方式，除了受到品种和产量双重因素影响外，开始受到配套服务功能的影响，这种变化倒逼企业业务向相关领域延伸或者构建供应链服务联盟。

全面市场需求变化相对稳定，在消费市场，厂家往往开始深度分销，更密切地联系消费者，以了解消费者的需求。在工业市场，供应方往往深入需求方价值链，甚至协同研发，全面深度合作。这种全方位的全面供需关系，要求研产销职能部门协调一体化，传统的生产制造型企业需要向服务型企业转型。

全面市场中的企业适宜采用方案化战略，通过拓展产品与服务，产业链纵横延伸，为客户提供一体化解决方案，增强客户黏性，持续为客户创造价值。

歌尔股份有限公司原来主要做电声元器件代工，提供给手机、笔记本电脑、消费类电子产品等，主要产品市场占有率全球第一。代工制造位于产业价值链的最低端，未来的价值增长和规模增长在哪里呢？在为其提供咨询的共创过程中，华夏基石提出W曲线理论，即把微笑曲线的中段制造抬高，后向延伸，打造强大的研发能力，形成"参与式研发制造模式"。这种模式需要垂直整合研发、制造、物流服务,以及洞察未来客户需求,形成企业一体化的综合声光电解决方案能力。

4.生态化战略定位

需求端市场分散,需求变化快,供应端业务成功的底层逻辑是推动供需一体化,战略定位是生态合作,成为价值链组织者。

立体市场中,供应端企业需要与其他企业携手合作,仅仅依靠一家企业的力量难以构建生生不息的生态系统。企业必须重新定义增长路径,从封闭的价值链转向开放的价值网,转型业务和升级组织,适应环境的变化,实现从产品竞争到生态位竞争的战略跃迁。

立体市场中,企业只有将自己的长板和其他企业的长板组合起来,才能造就一个更大的木桶平台,这就是产业生态发展所需要的新木桶理论。自然生态中每个物种都有自己的角色,产业生态中每个企业都有自己的定位。坚定发展自己的长板优势,企业就能从一颗小种子,成长为市场上不可撼动的参天大树。

身处立体市场环境,企业应采取生态化战略,不断强化自身长板,逐渐发展成为一个共享平台,协调其他企业的长板资源,组织供需利益相关者对接,共同繁荣产业生态系统。

起源于重庆的赛力斯集团股份有限公司(简称"赛力斯"),从一根弹簧到一根减震器,从一台摩托车到一辆微型车,从一辆

MPV 到一辆 SUV，把弹簧、减震器做到了市场保有量上亿级的规模，把汽车做到了市场保有量上百万级的规模。

之所以能从名不见经传的乡镇小企业成长为行业的领头羊，与赛力斯一贯秉持的"生态联盟"理念分不开。在燃油车领域，赛力斯与商用车领军企业东风汽车开展生态合作，成长为微型商用车全国前三名；在智能电动汽车领域，和信息与通信技术（ICT）领先企业华为深度跨界合作，将智能制造长板与智能科技长板融合，推出 AITO 问界汽车，迅速成为电动智能汽车的领先品牌。

三、组织进化：从企业家精神驱动到员工职业化驱动

企业业务进化的规律是从短价值链发展到长价值链，相对应的组织进化的规律就是从打造产品体验能力进化到打造运营模式能力。

在大型机时代，IBM 企业经营是产品导向的，20 世纪 60 年代推出 System/360 系统计算机，输入输出的设备能与主机良好搭配且均衡运作，计算机运行速度远超竞争对手。在 20 世纪 70 年代，IBM 推出的 System/370 系统计算机在功能上作出极大改良并成为通用型系统。IBM 的计算机是行业领先品牌，产品主要销售给大型客户，具有产品定价权，获得了大量超额利润。

进入 PC 时代，1990 年后硬件技术进步神速，价格下降，一个拥有处理图形与接受复杂指令功能的工作站计算机，价格只有大型系统的 1%。郭士纳接掌 IBM 后，全面变革运营体系，聘请奥美（Ogilvy）大打广告，在全球推广 IBM 品牌的亲民形象；建设多元化的销售渠道，广泛连接消费者，力求通过提升全球运营能力，重塑 IBM 在计算机领域的地位。

业务进化的另一个规律是从高知识密度逐步过渡到低知识密度，相对应的组织文化进化规律是从注重个体创新到注重集体效率。大型机时代，IBM 为少数大型企业客户服务，每台计算机都是巨无霸规模的，操作系统和应用软件是单独编写的。公司要在市场上具有竞争力就必须拥有大量的优秀行业专家，保障为客户提供个性化定制和维修服务。

进入小型机时代后，市场规模呈现几何级数增长，过分相信自己的行业专家使 IBM 忽略了对变化的关注，失去了敏捷的市场适应力。郭士纳进入 IBM 后开始进行文化变革，推行"胜利、执行、团队合作"的组织文化，强调不再一味地进行死板研究。在 IBM 新的组织文化中，成功的人都是勇于开拓、成果导向的，而且能迅速有效地做成事。

依据四化战略进化模型的底层逻辑，我们相应地按照从产品体验到运营模式的纵向组织能力，从个体导向到集体导向的横向组织文化，建立了四驱组织进化模型，如图 2-3 所示。

```
                    产品体验
                      ↑
                      |
        企业家精神    |    干部实干精神
        驱动型组织    |    驱动型组织
                      |
  个体导向 ←――――――――――+――――――――――→ 集体导向
                      |
        员工职业化    |    团队系统合力
        驱动型组织    |    驱动型组织
                      |
                      ↓
                    运营模式
```

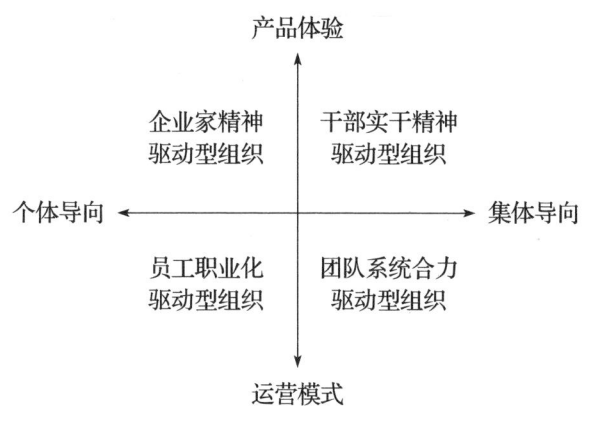

图 2-3 四驱组织进化模型

东京大学教授藤本隆宏提出了一个富有创见的公式：产品＝信息＋介质。无论是在制造业领域，还是在服务业领域，企业提供给客户的产品都可以看作是把某种信息写入某种介质。把价值观、知识、标准等信息写入材料、人、组织等介质，就会让企业具有灵魂，让产品具有灵魂，让团队具有灵魂。

开展不同业务的企业，由于拥有不同的灵魂，就会拥有不同的运营模式、不同的能力特征、不同的管理机制。藤本隆宏说，有的企业像一支专业化分工明确、各司其职的棒球队；有的企业像一支足球队，所有员工都是多技能的融合体，相互间的配合是这支队伍常胜的秘诀。汽车产业更适合"踢足球"的整合型选手，互联网产业则更适合"打棒球"的分工型选手。

企业的核心差别便是将价值观、知识、标准写入组织的人的差别。四驱组织进化模型依据组织能力和组织文化的不同，将组织划分为企业家精神驱动型组织、干部实干精神驱动型组织、团队系统合力驱动型组织、员工职业化驱动型组织。

1. 企业家精神驱动型组织

在散点市场中，因为产品、技术需要持续迭代，以应对环境不确定性，所以组织也需要具备信息敏感性、行动敏捷性，需要企业家精神驱动组织发展。前沿化战略的成功要靠不断创新、不断冒险、不断尝试，这个阶段职业经理人难以管理企业，他们规避风险，追求合理回报，容易错过企业发展机遇。企业家必须亲自带领企业，就像乔布斯引领开创苹果，雷军带领创业期的小米，他们身先士卒、勇敢果决，带领团队探索出路，打赢一次次生死攸关的"战斗"。他们的企业家精神感染了身边的人，能够为企业日后发展培养一批"大将"。

前沿化战略面对的问题具有复杂性、艰巨性，传统常规的组织结构无用武之地，组织的权力结构需要相对扁平化，减少甚至根本就不需要中间层级。这时任务型组织形态应运而生。任务型组织通常由具备企业家精神的人领导，团队成员是一群具有不同职能背景、来自不同领域的专业技术或管理人才，他们跨越部门、跨越职能组成一个结构合理、功能协调、办事高效的组织。任务型组织能在一定时期针对特定目标任务，汇聚各方力量，快速有效解决问题，常采用产品部、项目组、委员会等形式。

在那些价值链短、知识密度高的企业中，如腾讯、谷歌、阿玛尼、奈飞等，最活跃的往往是任务型组织。例如，腾讯的一些产品往往就是交给两个并行开发项目组，哪个组取得成功就支持哪个组实现商业化。

任务型组织依靠企业文化协同。任务型组织成员的聚集是有时间限制的，有些成员之间甚至有可能没有机会见面，这就使得它很少具备常规组织所具有的成员间面对面的互动。任务型组织成员之所以能够聚到一起并充分施展自己的才能，更多的是基于理想主义氛围，成员富有创业精神，敢于冒险，追求在创造中赢取未来。任务型组织成员在认知一致、相互理解、相互依赖、相互信任的基础上，积极主动地寻求相互之间的合作。

任务型组织是一种信念共同体。衡量员工工作成果不再以个人为绩效单位而是以组织整体为绩效单位，任务完成的好坏直接关系到组织中每一个成员的声誉和未来的发展。企业在不断挑战新难题、测试新方案的过程中遇到很多挫折，甚至短期看不到未来，只能依靠领导者的企业家精神引领员工前进，激发员工学习，鼓励新的创意和创造力，支撑整个组织运转。坚定的信念才能保障信息交流畅通、知识共享充分、彼此合作默契、集体行动高效，完全展现团队创造力。

2. 干部实干精神驱动型组织

专业化战略需要专业干部作为主要驱动力，中高层有专业化人才负责条线，分工明确，发挥专业能力，将企业家从繁杂的事务工作中解放出来。干部实干精神驱动型组织的优点是干部直线管理，一级对一级负责，号令统一，责权分明，机制简化，便于统一管理，提高了内部专业化分工程度。

企业为客户提供专业化、标准化产品，需要具备相应专业化功能，形成更丰富的产品品种、更高的产品性能，这种组织形态称为功能型组织。功能型组织是按照各个单位所执行的工作职能来构建的，一般根据共同的专业知识、经验或使用相同的资源将成员组合在一起，比如直线职能型组织。

功能型组织强调目标协同。因决策权掌握在最高层管理者的手中，故企业自上而下的目标管理体系贯彻得比较彻底。各功能模块有自己清晰的目标，围绕本部门目标创造最大化价值，就能实现企业整体目标。功能型组织的文化崇尚目标管理、结果导向，不断以挑战性目标激发员工斗志。

功能型组织是一个利益共同体。功能型组织本身结构精简，节省组织成本与人力成本，并且各功能部门专业化程度高，运行效率高，为企业创造的效益也高。高标准、高效率、高效益，自然形成高回报，这就形成价值创造的正向循环，形成一个员工与组织的利益共同体。

崇达技术是一家印制电路板制造企业，拥有自己的事业理论：外部经营好产品市场，内部经营好人力资源市场。如何满足外部高标准和内部高期望？连接内外两个市场"双高"的只能是高效率，通过卓越运营的高效率实现企业持续发展。在卓越运营事业理论的指导下，企业实施高标准、高期望、高效率、高回报的管理激励机制，提供行业内较高薪酬水平，给予员工较高工作目标，打造高结果导向文化氛围，企业效益遥遥领先行业平均水平。

3. 团队系统合力驱动型组织

方案化战略依靠团队系统合力驱动。功能型组织在经营单一或较少类别业务，并且市场环境相对稳定的情况下，是一种行之有效的组织形态。但是在方案化战略下，横向产品线或经营区域众多，就需要纵横交叉形成业务单元团队，业务单元内部尽量把资源配置完整，能直接面向外部客户交付成果，承担经营责任。业务单元组织形式可以基于产品条线、区域条线、大客户项目、外部化平台等。

华为的"军团"是典型的外部化平台，集合了研发、设计、生产、交付、服务等相关环节的人才，面向某一个行业形成平台级解决方案的团队系统合力。2022年3月30日任正非为华为新成立的军团组织授旗并讲话。采取军团化的改革，就是要缩短客户需求和解决方案、产品开发维护之间的联结，打通快速简洁的传递过程，减少传递中的物耗和损耗。

这种直面市场的业务单元就是结果型组织，由相关业务与职能人员构成，拥有充分的经营自主权，形成价值创造的闭环，经营绩效能快速反映团队能力水平。团队成员需要具备经营思维，满足客户价值需求，还要具备管理思维，满足自身成长需求。团队只有具有凝聚力、执行力、创新力、战斗力，才能取得良好的经营业绩。

结果型组织有赖于流程协同。结果型组织运行的底层逻辑是一体化基础上的分工，客户的需求是"合的逻辑"，各业务单元的价值创造是"分的逻辑"。如何做好"先合后分"，就需要通过流程把各环节连接起来，以客户为中心，用"端到端"的流程协同创造价值。

结果型组织是一个事业共同体。因为独立承担经济责任，团队成员为事业成长和积淀而努力奋斗，受到价值共创、风险共担、收益共享的管理机制的激励。

4. 员工职业化驱动型组织

生态型企业的对外经营行为都是与行业优秀企业的员工打交道，员工的职业化水准决定了生态型企业的经营能效。一个生态型企业，其生态链上的企业众多，任意一个平台部门的员工都要对接众多生态链企业中的相关员工，其职业化水准代表了平台。如果某个员工出现工作失误或渎职，其影响将辐射各个生态链企业，后果不堪设想。

在传统的金字塔式"正三角"的组织结构中，高层管理者和基层员工之间有很多层级，市场和用户信息要层层上报汇总，然后再层层下达指令。这种方式已不能满足互联网时代企业须尽快对用户作出反应的要求。海尔的"人单合一"管理模式把这个"正三角"变成了"倒三角"。"倒三角"的顶端是基层员工，过去基层员工只能被动接受指令，现在每一个员工主动为自己的用户创造需求，最了解用户需求信息的基层员工变成了决策者，倒逼企业平台提供所需的资源支持。

海尔为此进行两个"零距离"的探索，即企业内部的员工从原来的上下级关系变为在同一目标协同下的零距离沟通，外部则从与用户的割裂变为端到端的零距离接触，即从员工听企业的变为企业听员工的，员工听用户的。

基于一系列契约、行业标准、共同价值观，免去主管领导事事过问，故而权力掌握在实际运营的员工手中，这种组织形态被称为关系型组织。关系型组织突破了企业的边界，将客户、合作伙伴等纳入价值创造的链条，形成稳定的共生共荣关系。关系型组织合作关系的基础是契约，成员在长期的合作中互相影响，形成共同的价值观，在供需产业链中慢慢形成休戚与共的命运共同体。

关系型组织有赖于市场协同。关系型组织利用互联网思维，将众多拥有独特竞争力的企业组织起来，由于各企业之间是协同关系，不能采用行政命令，需要按照市场关系协商，所以会有一定程度的效率损失。但是，各企业按照市场互惠互利原则，各自发挥自身长板优势，会为生态系统带来更多机会、知识和创新，能够创造网络协同效应，实现大于彼此单独创造的价值。

关系型组织是一种命运共同体组织。关系型组织的成功取决于合作伙伴之间的共识、共担、共创、共享。共识就是磨合出一个愿景和一套共同价值观，共担就是共担风险与共治责任，共创就是发挥各自长板优势协同共创价值，共享就是依据价值贡献分享新创价值。关系型组织在具体操作上可以采用但不限于战略协议方式、参股方式、控股方式、产业基金方式、事业联盟方式等，目的是形成紧密长期的事业和命运共同体纽带。

第三章

企业进化的顶层设计

"顶层设计"一词来源于工程学,建筑高度不同决定了地基深度与整体架构也不同,所以说一座建筑的设计取决于顶层设计。管理学领域所谓的顶层设计,是借助建筑设计领域的顶层思维,对企业发展进行前瞻性的系统思考,构建企业持续成功的逻辑假设和价值原则体系。

"顶层设计"在中共中央关于"十二五"规划的建议中首次出现,之后进入国家五年规划。中国经济发展现在为什么越来越强调顶层设计?那是因为中国已经经过了"摸着石头过河"的阶段,这种发展方式在改革开放初期是必要的,但中国经济发展到今天,应该步入顶层设计与持续发展的阶段。

在管理咨询实践中,笔者一般将企业进化的顶层设计分为事业理论顶层设计体系和组织理论顶层设计体系两个部分。

一、事业理论顶层设计体系

事业理论就像企业路演时讲的故事,让投资者相信企业能成功继而投资。讲故事并非难事,把故事讲得有理有据、有理论高度才见真功夫。

没有正确的假设就没有正确的理论,没有正确的理论就没有正确的战略。事业理论是企业经营成功的理论假设。德鲁克(Drucker)很强调企业的事业理论,每一个企业都要有自己的事业理论,用于指导企业自己的实践。德鲁克提出了构成事业理论的三个问题:我们的事业是什么?我们的事业将是什么?我们的事业应该是什么?

这三个问题组成了一个逻辑系统:我们的事业是什么,要思考企业是如何从过去走到今天的,要总结企业的成功经验是什么。我们的事业将是什么,要思考社会结构、市场、技术发生了什么变化,重新思考企业的发展定位、路径、策略。我们的事业应该是什么,要思考在系列变化下,企业要怎样进化,要基于未来看过去,基于未来看现在。要批判地继承成功经验,洞察现在和未来的差距,才能清晰地回答企业的变革顺序和变革节奏是怎样的,从而使企业能够更好地适应变化。

德鲁克关于事业理论的三个经典问题,正是企业文化工作者需要回答的问题,也是企业家需要回答的问题。企业家是企业文化的首席设计师,必须求证这些基本假设。多年以来,京东的使命在不同的阶段作出了不同的进化,从最初"让购物变得简单快乐",到2013年"让生活变得简单快乐",再到2020年"技术为本,致力于更高效和可持续的世界"。这种进化正是京东有序的蜕变过程,事实上也是对德鲁克经典三问的系统性思考和实践的过程。

一个企业的事业理论一般由三个部分构成:组织外部环境的假设,组织特殊使命的假设,以及为完成企业使命所必需的核心竞争力假设。管理实践中,企业事业理论的主体内容包含使命、愿景、核心价值观,其意义在于使企业上下有共同的信仰与努力的方向。

以投资银行和现代大学模式的诞生为例。过去的银行都靠借贷利差生存,这种商业模式不足为奇。乔治·西门子(George Siemens)在创立德意志银行的时候,提出了大胆而创新的事业理论:第二次世界大战后,德国在未来20~30年都是分裂的,银行应该通过金融资本对产业资本的引领与整合,让分裂的德国统一起来。金融资本要引领产业资本,就要去做长期投资,并且能够从产业经营的视角将资源整合起来,这就是现代投资银行模式的诞生历程。

柏林洪堡大学是依据创办者洪堡(Humboldt)的"教研合一"事业理论创立的新式学校,致力于多方面培养学生的人文综合素养,被誉为"现代大学之母"。黑格尔曾说过:"没有柏林洪堡大学就没有光辉灿烂的德意志文明。"费尔巴哈曾这样描写柏林洪堡大学："无论在哪所大学都看不到这种对工作的热爱，这种对大学生的琐事以外的事物的兴趣，这种对科学的吸引力，这种安静和肃穆。"

当时，欧洲或美国的大学都还是研习修道院教育的传统，以培养教师、公职人员或贵族为主，不重视研究。德国政治家和学者洪堡认为：既然大学里面有很优秀的老师，而且这些老师也具备研究能力，那么大学的功能应该包括做研究。于是，洪堡提出了他关于大学的新的事业理论：现代的大学应该是"知识的总和"，教学与研究应同时在大学内进行，而且提倡学术自由，大学要完全以知识及学术为最终目的，并非培养务实型人才。于是，在洪堡的推动下，1810年10月这所国家资助、男女合校的高等学府正式创建。

思想有多远，我们就能走多远。只有少数企业能够穿越一个经济周期，穿越一团团经济迷雾，洞察环境与企业的发展逻辑。

笔者在管理咨询实践中，将事业理论在使命、愿景、核心价值观的基础上，进一步细化为战略定位、增长路径、竞争策略和核心能力四个方面。

1. 战略定位：定位决定地位，格局决定结局

德鲁克说过：企业是社会的一个器官。一个社会问题就是一个商业机会，一个巨大的社会问题就是一个巨大的商业机会。有

很多人还没有想好解决什么社会问题，就开了个公司。很多人因为有了一个主意、一个点子或者一个技术就成立了一家公司，但是他不知道成立这个公司到底能解决什么问题，没有从解决什么社会问题的视角出发去思考公司的战略方向。

华夏基石特别强调，战略定位一定要超越短期目标，基于长期价值主义的视角去思考。企业一定要回归本源，在事业理论的基础上，思考清楚为社会解决什么问题后，将企业的社会价值和核心业务的比较优势有机统一，才能确立一个持续有活力的战略定位。

一个企业至少应该有一项业务处于业务体系的核心位置，根据在战略定位中的地位，将次要业务安排在核心业务之外的不同位置，对企业核心业务进行支持。企业确立战略定位后之所以更容易取得成功，是因为它能有效地将企业的优势资源集中配置在核心业务上，从而大大提高了成功实现战略定位的可能性。

战略定位以核心业务的比较优势为基础。核心业务的比较优势可能是多样的，不同企业确认的核心业务的比较优势也是不一样的，甚至同一企业在不同时期的核心业务的比较优势也不同。企业战略定位是在确定企业核心业务的基础上，进一步明确企业创造价值的竞争优势的过程。一般来讲，可将战略定位标准划分为产品或服务、市场与运营、客户解决方案和生态要素支持四个方面。

（1）基于产品或服务的战略定位

该战略定位的主要思想是通过对客户的需求进行分解，将产品功能集中在解决客户需求中的最大痛点，聚焦产品或服务的功能性，追求质量与技术水平领先。这一战略定位可以有效地提升企业的价值，使企业将更多的精力集中在效用高的产品或服务上，更快速地开启技术与市场的共生轨道。另外，由于战略定位是从市场痛点分析入手的，所以企业与客户的交易更容易实现突破。

（2）基于市场与运营的战略定位

选择某一利基市场，进行高强度的深耕。该战略定位强调为客户创造出比竞争对手更多的价值，或者以更低的成本创造出和竞争对手一样多的价值。基于低成本优势或高差异化价值优势驱动定位，在价值链各环节落实定位要素，进而让整个价值链统一标准。在运营中，通过磨合和改进，不断提升价值链各环节的流动性和相关性，提升企业整体运营效率。

（3）基于客户解决方案的战略定位

现代全球化竞争要求企业综合全面地分析客户所遇到的各种难题，并能为它们提供一套完善的、具有"可感知和有效用的价值"的解决方案。这一战略定位的思考方式基于客户评判价值的标准，将这些标准整合成一套系统的解决方案，通过全面地满足客户的真实需要，解决客户面临的难题。解决方案不拘泥于单一的硬件产品、软件产品或服务，而是形成一套系统组合，并且往往需要客户参与共同实施，直至问题解决。

（4）基于生态要素支持的战略定位

生态组织者主要是支持构建产业生态系统的各个子系统的发

展,通过企业自身长板能力的外化延展,推动一个产业社区的发展。单一企业作为产业价值网上的一个节点,需要不同方面的支持,同时自身也支持着产业社区中其他企业的发展。产业生态中的参与者,就像生物链中的各种生物一样,互相依赖,互相创造价值,共生共荣。生态组织者能连接更多类型的拥有不同长板的伙伴,通过提高互动的质量来促进价值创造。

战略定位对企业有现实的和持久的指导意义,它涉及企业多环节的运营活动。企业统一以战略定位为中心的运营活动体系,从而在产业生态中构成一种差异化分工,获得自己独特的生态位。战略定位是让企业全体员工拥有同一个目标,作出同方向的行动。只有奋斗方向统一,才能够一群人一条心,迈大步向前走。反之,则会力出多孔。

举个例子,李想创立的汽车之家网站在汽车垂直类网站里面做得最大,2008年他并购了车168网站。车168是一个展示汽车的视频网站,并购前,这两家公司的人员数量基本相当,而汽车之家的人均产值却是车168的10倍。李想觉得很奇怪,在并购前做尽职调查以及对车168的高管们进行访谈的时候,他才恍然大悟:汽车之家的目标是做访问量最大的汽车网站,汽车之家每个员工心中的目标是一样的。车168的目标是成为最有影响力的汽车网站,但每个高管对企业目标都有不同的理解,有人认为是提供最专业的汽车资讯,有人认为是对于厂商最有号召力,有人认为是打造互动性最强的网站。

虽然表面上共处于同一家公司，但实际上车168的高管们用力的方向是不同的，就好比是多匹马朝着不同的方向去拉车，这样企业是不会有效率的。企业不能考虑每个高管的志向而立下很多目标，否则看似面面俱到，但最后一事无成。

总之，战略定位的目标是能在激烈的竞争环境中有效地实现战略目标和企业经营效益，并将二者统一在企业长期发展的核心价值中。成功企业的路径各不相同，但共通的一点是：为自己找到了好的战略定位，并且通过一系列的运营活动将这一战略定位变为企业发展的动力。

2. 增长路径：要么生态化，要么被生态化

未来企业的竞争是产业价值链之间的竞争，企业发展应具备生态思维，利他取势，共创共赢，在开放的产业生态圈中谋得自身地位。未来企业的终极形态只有两类：一类是做大做强，构建起产业生态体系的生态型企业；另一类是"专、精、特、新"的被生态型企业，参与到生态型企业的生态体系。

企业要想达到目标，需要洞察业务发展机会，探寻业务成长新动力，明确业务增长路径，驱动业务可持续性增长。华夏基石总结众多企业的最佳实践后发现，那些更为成功的企业，能够在更短的时间周期内，更为精准地识别业务的增长路径，并带领团队高效执行，持续达成更高的增长目标，实现企业的业务突围与跨越发展。如IBM向"系统解决方案"服务商的转型，中粮

"从田间到餐桌"的全价值链运营，京东的"竹林生态"发展战略等。看似简短的增长路径总结，实则包含了对实现业务增长的深度系统思考。笔者基于行业与产业视角梳理了经典的战略增长路径，以期建立简要战略思考框架，统一战略交流语言平台。

（1）行业视角的增长路径：产品与市场发力，稳扎稳打密集开发

企业基础的增长路径是在自己的领域内稳扎稳打，推进市场营销和市场开发工作，通过密集型发展做到更大规模。密集型发展路径比较简单，只要把握住新老产品、新老市场的组合即可。

产品：新产品老市场的延伸策略，新产品新市场的多元化策略。 产品延伸策略是利用现有的用户关系，通常是企业扩大现有产品深度和广度，推出新一代产品或相关产品给现有用户，以提升产品市场占有率。例如，手机产品不断地推陈出新，不断召开新产品发布会，升级硬件设备和软件应用，促使老用户升级购买。

手机企业还推出新定位品牌手机，进一步细分市场吸引新用户。OPPO、vivo 进军线上市场，推出高性价比手机。2019 年 4 月 OPPO 子品牌 realme 正式进入中国市场，首款手机 realme X 极高的性价比直接冲击市场。此外，vivo 2019 年初推出了 iQOO 全新品牌，主打高性价比，也成功抢占一定市场份额。

产品多元化策略是企业利用核心能力，开发新的产品在新市场销售。一般情况下，企业采用产品多元化策略会共享技术研发平台或者在营销渠道形成协同效应。产品多元化策略本身就是创新业务，还需要遵循散点市场规律，寻找到技术与市场的共生轨道，才能实现商业成功。

在 2019 年 OPPO 未来科技大会上，公司 CEO 陈明永演讲的主题是"共创万物互融新生态"。目前 OPPO 在物联网、云计算、大数据等领域拥有庞大的研发团队，数据显示，OPPO 自主研发的 Color OS 全球月活跃用户数达 3.2 亿，OPPO 浏览器和应用商店的月活跃用户数也超过 2 亿。OPPO 其实早就不只是一家手机企业，其目标已经是成为世界一流的科技企业。

市场：老市场老产品的渗透策略，新市场老产品的开发策略。市场渗透策略往往借助促销手段，说服用户增加购买量。提升现有用户的渗透率是手机企业非常重要的一种策略。自华为手机被美国制裁受挫后，各大手机企业竞相发力，争夺华为空出的市场。OPPO、vivo 打得火热，加速向下沉市场渗透，在三四线城市，OPPO、vivo 经销商的门店随处可见。凭借着强大的线下市场统治力，它们在国内手机市场的份额一直名列前茅。

市场开发策略是企业在不同市场找到相同需求的用户，虽然其产品和销售方法有所调整，但本身的核心技术并未改变。国际化、全球化是市场开发策略的重点。曾经负责波导手机海外市场的竺兆江，在波导关闭海外市场后创立了传音控股股份有限公司。在传音控股创立之初，竺兆江就把目标锁定了非洲市场，他认为传音手机的物美价廉是打入非洲市场最大的优势。在做过充分的市场调查研究后，竺兆江制定了三大运营策略：智能美黑，让喜欢拍照的非洲消费者变美；四卡四待，解决运营商多而且入网手续繁杂的问题；手机低音炮，满足非洲消费者对音乐和舞蹈的爱好。可以这么说，传音手机就是靠这三招获得了非洲消费者的青睐。2021年，传音控股占有非洲手机市场40%以上的份额，并且已开始覆盖全球新兴经济体市场。

（2）产业视角的增长路径：产业链纵横延伸，寻找产业价值重塑机会

好战略不应该仅仅以行业为基础，还应该以产业生态为基础。商业竞争已经不再是一个公司与另一个公司之间的对抗，而是一个产业生态圈和另一个产业生态圈之间的竞争。

产业前向一体化。 沿着产业链向前延伸到市场端，通过自建、兼并或收购等方式，掌控分销渠道或零售终端。例如一个果汁厂，其上游是果园，中游是其他果汁厂，下游是销售商。如果果汁厂向前延伸进入分销环节，开始做零售店，就是前向一体化。前向一体化适用条件是产业增长潜力大，企业有相应实力，并且进入分销环节有机会盈利，或者现有产业的分销商做得不好。

产业后向一体化。 上溯到产业链上游，获得原材料供应商的所有权或者增强对其控制。如果果汁厂往后延伸，开始经营果园，就是后向一体化。后向一体化适用条件是产业增长潜力大，上游利润水平高，企业具备人才资本等资源，或者上游供应商能力太差影响了产业链效率。

产业横向一体化。与和企业当前业务相互竞争或有互补作用的业务合并或合作。通用汽车通过收购别克、雪佛兰、凯迪拉克等多个汽车品牌，对抗福特汽车，并最终赢得竞争，便是横向一体化的经典案例。京东物流与德邦快递合并，也是横向一体化。横向一体化的前提条件是产业增长潜力较大，通过并购或联合能够降低竞争强度，或者能够形成规模效应，实现一定范围内的相对垄断。

3. 竞争策略：价值创造的组合艺术

竞争策略是为了打造竞争优势，构建长期战略护城河，按照某种逻辑关系把成功的关键能力与资源组合起来，形成良性的价值创造循环。

在超越竞争的战略思想中，最广为人知的就是低成本和差异化的取舍。一般认为，一家企业要么以较高成本为用户创造更大差异化的价值，要么用较低成本创造基本满足需求的价值。华夏基石认为竞争策略的本质是如何进行价值组合创新，超越单一的差异化策略或低成本策略，把创新与技术、价格、品牌等要素整合起来，经过重新组合为用户创造多于竞争对手的价值。

竞争策略可以带来竞争壁垒，即企业通过运用在某方面的充足资源培育独特的能力，这些能力在满足需求的过程中，帮助企业建立起某种竞争优势和壁垒。值得注意的是，有的企业会先预设希望拥有的某种优势,缺乏哪种能力就培育哪种能力,缺乏哪种资源就整合哪种资源。

(1) 技术与时间领先

技术优势。企业建立起某些前沿的专有知识,如专利、技术诀窍或管理知识,从而形成专有知识的竞争优势。如阿斯麦(ASML)成为全球高端光刻机的唯一制造商,在极紫外线(EUV)光刻机市场中,阿斯麦市场占有率达到了100%。光刻是芯片制造数百道工序中最重要的步骤之一,EUV技术能够突破7纳米芯片制程节点,因此想要生产最先进的芯片都必须且只能与阿斯麦合作,因为其他光刻机制造商,如尼康和佳能没有该技术。

时间领先。企业善于抓住机遇,创新原有产品与业务模式,产生先行者的时间优势。这种优势包含人们对新事物的好奇偏爱,以及先行者在行动过程中得到的领先市场经验等。小罐茶利用科技创新思维,为传统的中国茶"穿"上了时尚、科技的"外衣",独创的"铝罐+充氮"保鲜包装受到越来越多消费者的青睐,对传统茶企造成了冲击,同时,这种"国潮"商品也让更多年轻人开始接触、了解中国茶。

(2) 要么成本第一,要么品牌唯一

质价比优势。高质价比总是让人无法拒绝,不管在哪个国家或地区,价格始终是撬动市场大门的最有力武器。当产品质量相当时,价格就是竞争取胜的关键所在。当价格相当时,质量又成

为市场选择的关键。随着市场竞争加剧，质价比就是产品在市场上获得成功的核心。中国成为全球产业门类最全的经济区域，质价比优势将成为相当长一段时间内企业追求的目标。申洲国际是一家纵向一体化的针织制造商，是耐克、阿迪达斯、优衣库等全球知名品牌的第一大成衣供应商。申洲国际年产自用高档针织面料逾20万吨、针织服装约5亿件，营收230亿元，在全球同业上市公司里规模最大。随着产量的增加，申洲国际的固定成本可以分摊到更多的产品上，使得生产的平均成本下降。由于规模效应，申洲国际得以优化生产的各个环节，加大面料研发投入，最终取得高达22%的净利润率，远高于普通服装代工厂平均净利润率6%左右的水平。

品牌商誉优势。企业长期聚焦某一差异化价值，提供的产品或服务为用户带来良好体验或者能为用户带来情感价值，由此建立起良好的品牌形象和市场影响力。品牌一旦建立起来，竞争对手就很难改变用户对品牌的认同和消费习惯。从中国制造到中国创造，再到中国品牌，这背后是国家软实力的逐步提升，企业品牌背后是文化的力量，需要在价值观层面引领用户。中国服装产业中的闽派服装主打专业品牌战略，随着中国文化崛起、国潮服装的流行，它们正突破传统订货模式和粗放经营的瓶颈，从线下到线上，从国内到国外，从品牌自创到收购，整体逐渐向好。

（3）打造系统性优势与用户黏性价值

系统性优势。系统性优势是企业内部价值链各环节快速响应和集体协作的组织能力。各部门、各业务单元如同一个生命体，面对用户的综合需求，能迅速集成，提供全面的解决方案并采取行动。这种系统性优势体现为企业内部组织效率，也表现为企业动员外部资源的系统响应能力。华为的愿景与使命是把数字世界带入每个人、每个家庭、每个组织，构建万物互联的智能世界。为践行使命，华为学习了谷歌组织架构的思路，组建了多个行业的军团组织，将分散在不同部门的各类专家集结到特定领域的军团中，使其直接面对行业客户，提供专项解决方案，做深做透一个垂直行业领域。

华为希望通过军团作战，打破现有组织边界，快速集结资源，穿插作战，提升效率，并对商业成功负责，为华为"多打粮食"。2021年4月，华为的煤矿军团成立，并已经取得一定成效。煤矿军团在多个矿区安装了5G基站，构建矿区数字化智能管理系统，并在保证传输的基本要求下，部分实现了远程协同，有效地减少了煤矿井下作业人数。

用户黏性价值。用户黏性是一个和用户建立依赖关系的过程，需要养成新的工作习惯，深入用户的价值链，与用户共同研发产品、设计产品、调整供应链等。这些提高用户黏性的措施可以延长用户生命周期并提高价值，对企业的长期成功非常重要。

用户黏性关系一旦建立就很难转换，用户从购买一个企业的产品转向购买另一个企业的产品，会极大增加供应链转换的成本。因为转换供应商不仅有直接发生费用，还包含转换时间消耗、人员转换成本等。

2020年7月英国宣布了与华为5G合作的最终决定：年底将不再购买华为设备，2027年之前从该国5G网络中移除所有华为设备。华为委托的一份报告发现，到2027年英国要从5G网络设备中移除华为设备，预计将遭受高达约合1 614亿元人民币的损失，而且会导致该国在5G部署上进一步推迟。英国政府出于某些非商业因素作出代价如此之大的决定，从反面表明了用户黏性价值的重要性。

（4）构建资源与关系的生态圈

资源生态圈。企业优势不仅仅来源于内部价值链活动的优化和资源能力的积累，还来源于外部资源的有效利用，也就是协调、优化生态伙伴关系的能力。企业通过增加生态伙伴，灵活地组合资源，将自己的长板和生态伙伴的长板融合，创造新的核心竞争优势。

2011年6月起，腾讯战略进入"全平台开放"阶段，旗下包括腾讯朋友、QQ空间、微博、财付通在内的八大平台和数亿活跃用户都已向第三方合作伙伴开放。基于生态开放战略，腾讯已经发展成为中国最有影响力的互联网公司之一，为全球逾10亿人提供通信和社交、出行、支付和娱乐服务。

关系生态圈。企业通过和供应商建立长期合作关系得到更便宜和更稳定的供货，或者将用户发展为粉丝和"外部员工"，建立超越企业的社区，建立起良好的互动和利益关系，使得竞争对手很难在短期内打破生态圈关系。小米 CEO 雷军非常注重与粉丝的互动，且互动的渠道非常多，包括微博、小米论坛、直播以及抖音等，雷军的微博粉丝数已经突破两千万。

竞争战略的实施一定要加强战略集中度，坚持"压强原则"，在成功关键要素和选定的战略生长点上，以超过竞争对手的强度配置资源，实现重点突破，集中火力才能势强，这也是华为任正非常说的"力出一孔"。

我们来看看亚马逊的飞轮理论：通过更低价格策略，提供更好的消费体验，从而吸引更多消费者，增加网站流量。亚马逊接着开放平台流量，吸引更多出版商等第三方卖家入驻。而更多卖家的加入，既丰富了产品品类，又从竞争的层面降低了平台上产品的价格。卖家越多，价格越低，而更低的价格让消费者的满意度进一步提升，这个闭环持续发生，亚马逊平台经营就在这个飞轮状的循环中不断增长。

4. 核心能力：从资源到能力，再到优势

企业核心能力是为形成某种长期竞争优势，基于用户需求，通过对自身资源的组合与运用，形成的价值链业务能力与职能能力。

能力的基础是资源，如品牌资源、人力资源、知识资源。对资源的调动使用形成了能力，如研发能力、营销能力、资本运作能力等。而优势是在价值创造中被用户高度认可的能力，如成本

优势、技术领先优势、品牌形象优势、生态关系优势等。

华夏基石将核心能力分为四类：产品与技术能力、业务与营销能力、运营与管理能力、金融与资本能力。

（1）产品与技术能力

猎头对腾讯员工的普遍评价是：从腾讯产品相关岗位出来的员工能力都挺强的。腾讯从QQ到微信乃至游戏，开发了多款现象级的产品。凭借强大的产品与技术能力，腾讯成为世界互联网企业中的佼佼者，其"分组研发，小步快跑，试错迭代"的产品开发机制，"无须用户思考"的"傻瓜式"极简主义理念，"一切以用户价值为归依"的用户驱动战略，都成为众多期望开发出爆品产品的企业学习的模板。

谷歌是一家以技术见长的公司，两个创业合伙人拉里·佩奇（Larry Page）和谢尔盖·布林（Sergey Brin）非常重视技术，但是不善于把技术转化为销售业绩和利润。2001年，他们请来了埃里克·施密特（Eric Schmidt）担任董事局主席和CEO。施密特不辱使命，把谷歌从一个单纯的搜索引擎，变革为向企业提供各种搜索服务的供应商和最大的互联网广告平台，挖掘出谷歌的巨大商业潜能。

企业要建立产品与技术优势，必须依靠战略的指引，依靠点点滴滴、锲而不舍的努力，探究技术进步，谋求技术扎根市场，在这个过程中不断打造自己的核心竞争力及充满活力的价值创造团队。

（2）业务与营销能力

阿里巴巴旗下的"中国供应商直销团队"具有很强的战斗力，又叫"中供铁军"，互联网行业中的众多显赫人物，比如淘宝前掌门人陆兆禧、滴滴出行创始人程维、同程旅游 CEO 吴志祥、创业酵母创始人余朝翎、美团前 COO 干嘉伟、大众点评前 COO 吕广渝等，皆出自这支"铁军"。

"中供铁军"对一名销售人员的训练不是仅限于技巧，而是基于铁军几万名销售人员的市场数据，总结出一套独特的人才成长和培训体系——ASK 销售成长体系，即心态、技能和知识成长体系。"中供铁军"还总结了"三板斧"9 个字：定目标，盯过程，拿结果。这背后是一个非常完整的从战略到运营的管理系统。这套训练体系成功为阿里巴巴培养了大量顶尖销售人员和优秀的管理干部。靠着"中供铁军"这支剽悍的队伍，阿里巴巴度过了最艰难的创业成长阶段，也以强大的盈利能力"养活了"淘宝平台，成功孵化了支付宝等生态业务。

（3）运营与管理能力

美团能够成为千亿元市值的公司，其运营和管理能力是极强的。美团管理层在战略规划、战术执行、品牌定位、敏捷运营、学习能力、心态心志等方面都是非常优秀的。

美团的众多业务——包括团购、点评、外卖、酒旅等，都是依靠强大的地面推广团队，硬生生拿下了一家一家的商户资源。地推团队的作用不仅是前期抢占商家资源，还包括后期的商家业务能力培训、纪律诚信监督管控，负责的是整个商户资源的对接和后续维护管理，对团队的运营能力要求很高。上万人的美团地推团队及其打拼下来的海量线下商户资源，是美团业务版图中极具特色的核心竞争力之一，很难在同一行业再造出如此强大的团队。

（4）金融与资本能力

复星集团的发展历史在很大程度上就是一部资本运作的历史，除去少数诸如复星医药、复地集团这样其一手创建的企业，如今复星集团旗下庞大的产业多数都是通过资本运作模式形成的。

近些年复星集团发生了一些明显变化，"投资"公司的属性逐渐消隐，"实业"公司的底色日益凸显。复星集团以"创新驱动的家庭消费产业集团"为定位，依靠"中国动力与全球资源"双轮驱动战略，完成"全球化＋新产业"的布局，不断进入新的产业、区域，并始终坚持创新引领，坚持践行"深度产业运营＋产业投资"，进一步聚焦家庭客户健康、快乐、富足的需求，"智造"幸福生态系统。

为支撑庞大的产业集群与资本运作，复星集团建立了八大管理体系：战略研究体系、全面预算体系、绩效管理体系、团队建设体系、全面沟通体系、风险控制体系、流程与信息化体系、共享服务体系。在复星集团高度重视组织建设的优良传统下，可预见其还会持续地进行业务与组织进化。

如果把企业比作睡莲，竞争优势是水面上看得到的花，这朵花开得多灿烂，取决于水面下那些看不见的根系和养分，对企业来说，根系和养分就是核心能力。

核心能力的终极检验标准，就是价值链环节或职能能否外部化。能力如果实现了外部化，就会演化成为一个公共平台，服务更多对象。

例如，一个设备制造商的报关部门只有四个人，老板对他们提出了更高的要求，那就是不仅负责本企业的报关业务，也要能够承包工业园区其他企业的报关业务。这四个人做了几年之后，和企业合股创立了报关事务所，实现了业务能力的外部化。

二、组织理论顶层设计体系

组织理论是基于事业理论，构建支撑事业成功的组织原则体系。战略决定组织，组织支撑战略。有什么样的事业理论，就有什么样的组织理论。

我们在顶层设计实践中将组织理论分为组织形态、组织运行、梯队能力、管理机制四个要素。

1. 组织形态：主干稳定，末端灵活

企业实践中，组织形态千变万化，但变化再复杂也无非是架构上的分分合合。随着业务差异性越来越大，以及客户群体和市

场区域越来越广,组织会由合到分;随着资源协同与共享需求越来越多,组织又会由分到合。组织架构的调整,本质是权力结构的调整,表明谁有机会在更大舞台上表演,也表明谁能通过努力获得更大的利益。

组织形态变化的底层逻辑是"战略决定组织,流程决定效率"。与施炜教授归纳的战略活动化、活动流程化、流程组织化,组织机制化相似。所谓"兵无常形,水无常势",出现外部环境变化、竞争变化、客户变化时,组织的作战队形,即组织形态要随业务流程的变化做相应的调整。流程管理最大的特点是主干稳定、末端灵活,这就决定了组织管理也是主干稳定、末端灵活。

企业如果既想快速响应市场客户需求,又想产品和研发投资方向可控,则在企业文化匹配的基础上,采取以产品部为核心的任务型组织更理想。企业如果采取目标效益导向战略,则适合采用集权式的功能型组织。企业如果准备实施规模扩张战略,则采取分权式的事业部或虚拟事业部的结果型组织更适合。企业如果成长为行业领袖,想成为产业生态组织者,则采取联盟、合作、参股等形式的关系型组织比较合适。

(1)任务型组织:致力环境适应的非标准化组织

以产品部、团队工作室、项目组、委员会为代表形式。

当下,组织身处不确定时代,尤其在知识型组织里,每个知识工作者承担着不同的工作和任务,如果采用机械的、稳定的方式,则这样的组织势必会被时代所抛弃。

任务型组织是最小的一种组织单元,组织中的部门及团队的工作能够产生成果,但并不直接体现为市场结果,如行政部门、财务部门对其他部门的支持,研发团队的里程碑任务等。在任务型组织中,任务的责任始终是由整个团队承担的,团队成员为这个任务贡献自己的技能和知识。每个成员要对整个团队的产出和绩效负责,但是个人贡献多少难以被分解还原。

任务型组织是克服职能部门相互隔绝、打破狭隘"部门墙"的最好办法。任务型组织是一种相对自律的组织,有共同的任务目标、平等的组内关系、整体化的绩效考核。任务型组织最大的局限性就是规模不能很大,它是企业管理者开展创新工作优先使用的一种组织形态。在任务型组织中,由于环境的不断变动性、成员录用的灵活性,组织中的成员具有开放性和流动性,他们能充分发挥自己的创新精神,主动更新自己的专业知识,促进组织知识的更新和发展。这种以工作和任务为中心的组织形态,相对容易落实组织目标。

例如,一个电机制造公司,每当公司产品开发上市后出现问题,研发部门和销售部门总是相互推诿。研发部门的工作重点在于技术创新和功能实现,结果就容易导致产品设计成本高。销售部门的工作重点在于产品定价和市场接受度,而不关注产品的功能需求。基于经营现状,公司成立产品管理委员会,负责整体的产品管理工作,包括产品规划与设计、产品线管理、产品定价和市场推广等工作。产品管理委员会属于任务型组织的形态设计，它和原有职能部门——研发部门和销售部门协同作战，解决了原来按职能划分的弊端，聚合了团队成员的不同技能，共同提供解决整体任务的能力。

（2）功能型组织：致力分工基础上的组合

以职能型组织、单项功能业务单元等为常见形式。

功能型组织是把员工按同类的工作合并在一起。这种组织形态的特点是分工比较清楚，权力和责任比较明确，减少了资源的浪费。企业成长阶段可以选择这种组织形态，发挥专业化分工效力，实现规模化的高速增长。

企业建设首先是专业化分工。比如，把营销和销售分开，把应用研发和基础研发分开，以及按照专业化原则细分各类业务。市场前方销售、公关，"打下粮食"，后方生产、行政、研发，增加"土地肥力"。就像华为早期的提法：前方和后方之间没有良好的配合就无法产生竞争力。前方赚钱，后方存钱，后方管不好会到处跑冒滴漏，无法形成效益。前方打仗，后方算账，后方算不好会影响发展方向和员工积极性。功能型组织让每一个人去负责一件小事，只做有限的一件小事，然后再组成功能型团队，就能提高一个价值链的价值创造能力。

在专业化分工之后，就要把各部分变成一个整体，哪怕这个整体只是企业价值创造中的一个环节，也要界定清楚每个人工作的责任边界，把工作衔接起来。各个专业化分工任务有效衔接，自然而然就形成一段企业价值创造的流程，中间用来连接的是制度规范。

功能型组织形态可以保持团队相对稳定，让每个岗位的员工积累经验从而变得专业。但是，过于稳定也会产生负面影响，可能让员工养成凭主观经验工作的习惯，失去了应有的创造力。

例如，华为驻各地办事处是面向市场一线的营销与服务机构，根据市场的地域分布特点，华为共设有100多个驻外地常设办事处。早年，各地办事处各自为战。后来，华为改为以办事处为单位，组建功能型团队，形成群狼战术，提高拓展市场的能力。现在，办事处主任作为区域价值链的培育者和组织者，需要明确每一个部门的职责分工，包括工作内涵和责任边界，不断优化团队的专业知识结构，形成分工与一体化相结合的组织体系。

（3）结果型组织：致力一体化基础上的分工

以事业部、业务线条、区域线条、业务群、虚拟业务单元等组织形式为代表。

企业如果进入全面需求市场，为满足客户多元化需求，实施相关多元化战略，一般需要向事业部制组织转变。事业部制组织通过内部扩张并进行组织变革，会成为战略事业群，比如美的集团的各个事业群。以事业部为代表的结果型组织能够直接接受市场的检验，承担经济责任，交付业绩结果。结果型组织内部需要尽量把资源配置完整，形成价值创造的闭环。

例如，一家医药公司以前和医院的关系就是简单的产品买卖关系，具体的业务模式是单个业务员负责维护和医院的关系，这种关系很浅，该公司本质就是一个销售型的医药公司。该公司老板逐渐推动组织转型为提供解决方案的公司，组织变革的方向是把前端的业务员组成一个个流程团队，在不同阶段以流程团队的方式去深化与医院的关系。

该公司根据患者就医处理流程将服务划分为5个阶段：早期诊断、住院检查、术前建议、术中助理与术后康复。该公司每7个业务员组成一个团队，负责一个阶段的服务，共组成5个团队。这5个团队共同服务于若干家医院，因为专门负责一个流程阶段的业务，分工明确，而且负责的医院数量庞大，熟能生巧，团队业务员慢慢变成特定流程的专家。该公司建立后台专家支持系统以及经验数据库，来支持团队业务员服务于医院有关科室以及患者。

概言之，该公司通过不断提升团队专业咨询服务的能力，来不断深化和医院有关科室的关系。公司通过流程化组织变革，带动公司内部价值创造流程的一体化。

（4）关系型组织：致力供需关系一体化

以企业集团、合资企业、公共平台、企业联盟、代理加盟商、生态链企业、产业集群为代表。

关系型组织突破对业务、人才的控制权，与其他组织构建起广泛但相对稳定的合作关系。关系型组织的组成单位可能包括政府事业机构、私营企业、大学科研机构、独立研究人员等。关系型组织中的某些成员单位直接由组织者协调，有些成员单位可能部分地为组织者拥有，还有些成员单位只同组织者建立一种契约关系而并不为组织者所控制。

关系型组织的某些成员单位可能承担一些特别的任务，在关系型组织存在的整个期间并不改变。其他一些成员单位则可能在各个阶段承担不同的任务。有些成员单位是长期成员，其他的则只是从事某项工作，在该项工作完成以后就不再同关系型组织发生关系。日本许多大型商社和其供应链及渠道商之间，就是由股权投资关系连接而形成的关系型组织。美国国家航空航天局（NASA）同其承包人、供货商和某些研究员之间，基于项目契约构成了相对松散的关系型组织。

2. 组织运行：效益与效率的取舍

巴纳德提出，组织存续有三个要素：贡献的意愿、共同的目标、信息的沟通。笔者认为组织运行还需要具备一个要素——组织文化，即共同的价值观和共同的工作方法论。

笔者基于对组织运行要素的偏重程度不同，将组织依据运行模式划分为文化引领型组织、目标牵引型组织、流程规范型组织、机制激励型组织。

文化引领型组织强调企业家探索精神，通过学习先行者积淀的成功理念和行为方式，破除边界去大胆创造长期效益。目标牵引型组织强调组织共同目标，通过目标的牵引作用，鼓励挑战更高目标，实现组织的效益。流程规范型组织强调组织效率，鼓励以高效的信息沟通和知识管理来提升管理效率。机制激励型组织强调激发个人贡献的意愿，用管理机制的作用激发人的创造性，用契约来激发更多人参与价值创造活动。

（1）文化引领型组织：洞悉底层逻辑，方能心向一处

文化是组织能力的灵魂。文化不是虚的，它体现企业成功的底层逻辑，渗透到经营管理的方方面面。强化企业文化建设，让一起做一番事业成为群体的价值和兴趣所在，这番事业确有意义，员工愿意一起去"攻山头""讲故事"。企业文化要落地，就要形成这样的组织氛围。

企业管理的最高境界是企业文化管理。企业高层管理者统一经营原则和管理思想，由高层向中层传播，由中层向基层传播，形成"涟漪式"推进，使员工理解认同企业的价值立场。通过特色仪式活动让员工感受企业独特的文化氛围。领导者通过率先垂范、授予荣誉、解决焦点问题，使员工相信企业文化并把它转化为自身信念，凝聚广大员工的正向能量。

企业文化更多的是组织对员工的承诺，同时也是员工对组织的承诺。企业文化其实是一种精神锁定，是一种心灵契约的锁定。企业文化要塑造的氛围事实上是一种心理承诺。在这种组织氛围下，员工无形之中会作出一种承诺，不是被组织强硬地要求怎么做，而是组织中大多数人都是这样做的，自己如果不这样做，会于心不安。

重要的是，企业文化最终是一种选择机制。企业文化不能解决所有的问题，但可以尽量减少未来动荡的风险。企业探索出新的文化成果，应及时用制度固定下来，使文化与制度一体化，有效规范引导企业的经营管理行为。通过价值观行为评价与激励引导员工一致行动。通过匹配制度、树立人物典范、共享关键技能和关键知识等，让文化最终成为心理契约的外化表现，让员工凝心聚力为企业奋斗。

建立横向与纵向立体化沟通渠道，促进不同业务单元、不同背景的员工沟通交流，保证信息传递的一致性和及时性，增强信任力和凝聚力。对于新并购的公司或新加入的员工，短期内要包容不同的企业文化和差异行为，并帮助其尽快融合；长期应注重识别双方优秀文化，兼容并蓄打造优势互补文化。

（2）目标牵引型组织：只有塑造差距，才能产生能量

德鲁克曾经说过："组织必须目标明确、一心一意，否则其成员就会感到困惑，只是埋头于自己的专业，而不是把自己的专业知识用来完成组织的共同任务。"

企业是一个能量场，能量场要有两极，比如最低目标和最高目标、现有目标和未来目标。差距产生能量，正如地势高低差距使水流产生势能，形成了奔腾的大江大河。没有构成差距的两极，是形不成能量场的，所以企业需要更高的目标，进而产生前进的动力，激励干部员工奋勇拼搏。

要想形成组织合力，必须在目标管理上投入更多努力。让目标真正成为全体员工的共同目标,需要在长中短期目标上均达成共识。基于公司战略意图进行战略解码、目标分解,也是一个战略共识、策略协同、目标协同的过程。

企业要完善长中短期目标管理。企业短期应强调经营结果健康,关注收入、利润、现金流等。中期应强调提升核心竞争力,关注研发、营销、融资、供应、交付、团队等。长期应强调产业格局和生态链健康,关注产业生态环境、商业模式、竞争态势、治理结构、组织活力等。企业要进行长中短期目标匹配,对增长、效率和风险三个因素进行平衡。业务经营单元侧重经营业绩、人均效率、新产品研发、新市场拓展、技术管理、人才输出等,保证长期可持续发展。新业务创新单元侧重市场开拓、产品研发、运营管理、团队建设等,实现商业模式成功和成长。

企业要进行资源对等的目标考核。企业根据发展战略、市场预测,合理确定年度总体目标,总部与各单位之间进行充分沟通,将公司战略目标、事业部战略目标、职能部门战略目标细化分解到位,同时将完成目标所需的资源配置到位。完善跟踪检查、信息反馈体系,使问题透明化,并制定目标调整机制,以达成目标协同闭环。定期召开经营绩效检讨会,通过绩效考核体系将目标实现情况与奖惩直接挂钩。

(3)流程规范型组织:只有端端闭环,才能正向循环

流程协同是在企业共同目标的基础上,让价值流能顺畅流动,实现整体效率最大化。华为轮值董事长徐直军说:"流程决定组织，站在运营效率角度，无论结构怎样变，业务流程都决定了企业价值创造的过程。"

以客户为归依的流程建设，就是以客户需求为始，以客户满意为终，完善端到端流程。流程建设就像治水，无须管水流，只需要把堤坝建好，清理干净河道，及时清理泥沙蓄积，做好监督检查。

一定规模的企业应逐步建立三大核心业务流程架构，即集成产品开发（integrated product development，IPD）、机会至收款（lead to cash，LTC）、售后服务（issue to resolved，ITR），并在此基础上完善支持流程与战略流程，同时用流程IT化的方式进行固化。向优秀企业学习成功理念与先进方法，形成标准化流程，将公共、成熟的关键流程在内部共享使用。

持续优化非增值流程。通过简化、优化、整合和自动化尽量减少非增值活动，优化流程中的核心增值活动，消灭流程瓶颈。要把流程当工具，不把流程当接口，理顺流程接口职责，提高流程管理效率，运用自动化和集成化IT技术促使流程易于执行。

树立流程执行权威。流程执行强调无论职位高低都有执行流程的责任，强调一次把事情做对的工作方法，形成人人讲流程、按流程办事、优化流程的流程文化。强化流程管理部门功能，明确流程管理责任人，要定期实施流程优化案例分享。

（4）机制激励型组织：只有尊重人性，方能至臻至善

市场协调机制是机制激励型组织的重要运行方式，有利于实现组织利益最大化。社会化合作日益广泛，越来越多的企业开放企业边界，用市场化手段配置内外部资源。企业应建立市场和客户信息资源共享机制，在统一客户和业务目标的框架下，建立公平、合理、透明的内部交易与市场协调机制，明确上下游服务关系，强化内部客户服务意识。

各部门与业务单元按服务性质划分为成本费用型单元、收入型单元、利润型单元。参照外部交易签订内部服务承诺协议，明确内部交易双方的义务与权利。各单元优先采购内部服务，内部服务无法满足需求时，经总部批准采购外部服务。

建立内部虚拟交易结算制度，基于"谁受益、谁分担"原则，考虑外部市场比算、收入成本匹配性、业务量挂钩与结算简易性因素建立虚拟结算价格体系。利润型单元、收入型单元交易按商议价格进行结算，成本费用型单元采用费用分摊方式结算。发生不能协商的争议时，双方提交上级或第三方平台职能部门仲裁。

3. 梯队能力：训练作战化，作战训练化

企业核心能力的背后是人的能力的组织化，单个人才无法实现组织化，人才只有形成了梯队才是实现了人才的组织化。人才梯队能力建设依靠人但不完全依赖人，关键是能够自我新陈代谢。

人才梯队是根据企业的增长战略来匹配的，在时间安排上，

只能稍微提前，不能提前太多，否则会造成浪费。没有后备梯队，人才机制会失灵。没有人才流动，组织价值会板结。没有价值评价，分配机制会死机。没有价值分配差距，企业会失去动力。

（1）能力标准：从战略地图到能力地图

战略的本质是创造差异化优势，而人的显著本性是从众。实现战略差异化，就必须让人才梯队差异化，这是人才梯队建设的底层逻辑。有的管理者认为，同时做一个产品，自己比别人做得更好就可以了，其实这是高级从众。人只有超越本性才能创新。只有那些从内心想改变世界的人，才能真正地改变世界。

梯队能力标准的建立，需要从企业的战略出发，识别组织的核心能力，进而分解为关键岗位胜任力。以此为基础建立能力模型、任职资格体系，从而统一组织内部的能力语言，为人才测评建立标准。在华夏基石咨询实践中，分层人才通用能力标准的典型案例如下，高层干部：造梦想、调队形、拔大个；中层干部：定策略、建体系、带梯队；基层干部：拿结果、做标准、出徒弟；员工：沿着价值观的阶梯成长，成为一个卓越的职业人。

华夏基石横向人才梯队分为四类职业族：产品与技术、业务与营销、运营与管理、金融与资本。梯队以岗位的分层分类为基础，划分职业发展通道，并建立纵横互通的成长机制，打破人才成长中"华山一条路"的困境，激发人才梯队活力。

在职业发展通道的基础上，根据业务发展战略，前瞻性预测人才需求，建立关键人才的后备队伍，提升人才准备度，促进人才的可持续发展。

（2）能力发展：训练与作战相结合

心理学家奥尔松（Ohlsson）告诉我们：让心智认知超越经验的高山，只能依靠内在的自我创造性顿悟。讲授式的浅层次知识增长对成人收效甚微，企业培训应集中在面向企业实际问题的研究和实践探索上。成人工作经验丰富，但是经验并不是通向未知的指引，需要开展训战项目，使工作学习化、学习工作化。

企业梯队能力发展是为了避免"三条龙成为一条虫"，需要大力开展团队学习，不仅要让团队成员之间共享知识，更是要形成团队智商。通过训战可以清晰地传递公司战略理念、文化要求，使公司上下一条心，为变革发展做好准备。

企业梯队发展应以训战结合为主，训为方法论学习与演练，战为实际工作场景实战。企业培训不同于学历教育，业务不等人，企业必须快速应对需求，针对性培养人才，循环赋能，滚动发展。训战使公司很多隐性知识成为案例，通过在线学习和集训演练，这些知识迅速传递下去，让一线员工在战斗中学习战斗。

4. 管理机制：创造能量场，激发组织力

管理机制就是要让人有动力干活，其本质是责权利的统一与协调，也就是说负有什么责任，就应该具有相应的权利，同时应该获取相符的利益。有的人不愿意干活，有的人做事很被动，有

的人没有激情、没有创造力，这时就需要通过机制设计，激发斗志，激发创造力。

通过价值创造、价值评价、价值分配的设计，形成一种激发员工持续奋斗的机制。不同的管理机制会塑造出不同的组织，包括以下四种组织关系和境界。

信念共同体。员工"因为相信，所以看见"，依靠信念和价值观结合在一起，愿意为了共同的目标工作、奋斗，员工行为具有自觉、自主的特点。

利益共同体。员工给公司创造了价值，获得工资、奖金，和公司成为利益共同体。

事业共同体。有些员工愿意降低工资，参与股权激励，接受压力与挑战，从获取短期利益变成获取长期利益。

命运共同体。有些员工愿意自己拿出资源、资金投资于公司，把自己的命运和公司利益、未来发展捆绑在一起，这就和公司构成了命运共同体。

笔者对管理机制的责权利要素进行梳理，以期在组织理论顶层设计中理清其中关系和作用机理。

（1）员工责任机制

人与组织关系的重构使人力资源管理体系演进的方向很清楚，就是必须围绕价值创造、价值评价来重构管理模式，重构人力资源管理体系。关于员工的责任，传统理论认为更多来自职位，实践中"员工只干你考核他的事"，表明人承担的责任最主要来自评价体系。评价体系保障公司制定的战略被正确贯彻，战略方向是什么就评价什么，这样才能导向效益增长与高价值创造。不同的评价方式，决定了不同的责任机制。

行家评价的自主目标责任模式。谷歌推行目标与关键成果法（objectives and key results，OKR）与绩效评估解耦模式，因为创新战略需要激发个体最大潜能。OKR 的制定是自下而上的，能充分调动员工的主观能动性。每个季度公司提出战略大方向，鼓励员工根据大方向自主设定目标与关键成果，并由此确定团队的目标。因此，基层员工能理解自己做事的意义，能主动去发现并解决前沿问题。

谷歌采用"实际工作产出 +360 环评"的事后评估方式对员工进行绩效评估，并且绩效评估与 OKR 解耦，绩效结果会用于奖金、长期激励、员工晋升等方面。通过解耦，员工将更加关注如何发挥自己的潜力，发展自己的技能，并为组织作出更大的贡献。同时，绩效评估也可以更加全面地考虑员工的行为、态度、合作能力等。

结果与价值观结合的责任模式。阿里巴巴推行价值观评价，其曾经在绩效考核中占比达 50%。阿里巴巴总结员工最佳实践的行为模式，提炼出价值观行为标准，通过在员工中大规模推广、学习、践行，让更多员工掌握最佳工作方法论。从内在机制上说，价值观主要通过改变个体的行为模式，对绩效结果产生影响。通过价值观的管理和整合统一员工的行为和思想，进而提升企业整体绩效。

企业文化专家沙因（Schein）的理论模型表明，价值观是行为的深层动机和来源，它为员工指明了一套有助于实现整体目标的行为规范。当员工认同并接纳这套行为规范时便产生了"想要这样做"的内在动机，也就更有可能在实际工作中作出符合组织要求的行为，这些行为最终将带来有益于个人和组织绩效的结果。

全面绩效的责任模式。华为ToB解决方案业务面向很多大项目，需要更加全面的员工评价体系，故而推行个人绩效承诺（personal business commitment，PBC）评价模式。PBC评价模式弱化了KPI作为核心的评价标准，更侧重于考虑关键任务、胜任力等其他要素对绩效评估的影响。PBC评价模式基于企业战略的分解与关键任务，通过绩效过程管理与辅导，保证战略的可执行性。PBC评价模式整合了KPI、关键举措、团队管理目标、个人能力发展目标等，评估面更全、更有牵引性。

PBC评价模式强调组织绩效和个人绩效的结合，有效支撑企业力出一孔、利出一孔。在PBC评价指标制定的过程中，强化上下级的沟通，能有效促进绩效管理机制的落地。PBC评价模式是综合评价，并非简单的KPI计算得分加总，能够避免KPI设置过高或过低带来的员工考核分数波动。

客户价值为主的责任模式。小米是一家生态型企业，大量业务指向生态链企业，小米员工需要处理大量和外部公司的往来工作。小米强调社群商务战略的用户价值，没有采用KPI绩效评价，而是采用更强调用户价值的市场化评价模式。

海尔抛弃了传统的内部价值评价模式，采用了人单合一的市场化员工价值评价体系。海尔所谓的二维点阵、PK机制等绩效评价模式，其实就是通过直接的用户买单来实现价值评价。用户买单就可以接着干，反之，用户不买单，那么企业既不评价员工的价值，也不评价员工的绩效，因为客户已经"评价"了。海尔的人单合一模式是企业通过评价点的设置、迭代等方式，不断对员工价值进行认可的过程。这就是海尔价值评价的方式，是直接用客户价值评价来替代传统的内部绩效评价。

（2）员工权力机制

权力的宏观本质是执行权威，拥有的资源越多，权威就越大，就越容易推动执行。微观权力仅指拥有奖惩他人的能力，让他人做事。所以说，权力是一个中性词，是推动经营管理的执行手段。执行权威是职权、奖惩能力、影响力、思想力的合力。

作为职权的权力。管理的基础能量是职权，这是一个人的工作岗位所固有的正式权力，是制定决策的权力，也就是说"行"和"不行"的权力。管理好职权在于做好分层决策，分层决策机制是为了在公司整体风险可控的范围内，发挥每一位决策者最大的主观能动性。在每层搭好相应大小的舞台，决策者在舞台上尽情发挥，各展所长。一层决策不了的事提交给二层，二层定不了再提交给三层，这样不至于所有事都直递最上层，使顶层决策者不堪重负。

为了帮助每层的决策者都能完成该层的决策闭环，组织就需要进行合理的授权和赋能。授权就是在具体业务中，每层的决策者可以自主决定闭环的限度大小。授权的时间标准就是业务审批流程最终决策节点，事无巨细的节点靠前则会有大量风险，事无巨细的节点靠后则会浪费高层管理者的大量精力。

作为奖惩能力的权力。权力本身是一种奖惩能力，奖是让对方的利益增加，惩是让对方的利益减少。组织的工作一般需要多人协作才能完成。所以，在完成工作时，只要一个人能够影响这种协作关系，他就拥有权力。管理者可以奖惩员工，可以通过评价考核对一个人加薪或减薪、晋升或贬职，这时我们说管理者拥有权力。同时，员工可以通过配合工作或者消极怠工，让工作顺利进行或者造成损失，这时我们可以说员工也拥有权力。

一个人的权力大小取决于他被需要的程度。实践中，并非职位越高权力越大。假如电商平台的一个物流人员将一个包裹发到了相反方向，就会让这个包裹产生双倍的物流费用；一个运营人员把商品价格标错将产生巨大的损失；一个程序员程序设计出误，可能造成一个网络产品的瘫痪。管理者和员工的权力有所不同，但在一个成功的组织中，双方应相互合作，以实现共同目标并促进组织的发展。

作为影响力的权力。这是一个人所具备的不需要靠职权或权势就能让他人去做事的能力。影响力往往来自信服，或者能使受指挥的人按照要求去行动的信息。当执行者自己信服所要实施的决策的正确性时，他就受到了影响。只有执行者按照自己的意志行事，而没有受到威胁和胁迫时，才能说明影响力发挥作用了。

影响力往往来源于一个人的个人魅力或者专业性，个人魅力是一个人品行和品质让人信服的力量，专业性体现为一个人对某个领域有深入研究和洞见，做某件事反复成功让人信任。影响力是一种长久的、投入成本低的权力，掌握了影响力，就减少了对职权和权势的依赖，更容易发挥管理的力量。

作为思想力的权力。思想权和文化权是企业最重要的管理权，思想权和文化权的实质是认知能力。在一团迷雾中，需要有人带来一丝微光，照亮前行的道路，引领大家迈向未来。越是在不确定条件下，思想越有力量，给人以启迪、给人以方向、给人以方法。企业家天然具有思想权，思想权不能丢失，否则企业内部就容易出乱子。

依据在企业实践中总结出来的思想，去制定各种制度，确保权力下放和权力落地不走样。文化落地，能深刻地影响员工的内心想法，通过共识创造效率。"自律是成本最低的管理"，如果员工对企业的理念很认同，有规则时遵循规则，没有规则时也知道正确的做法是什么，那么企业的管理成本就会变得很低。

（3）员工利益机制

在新经济时代，企业不仅依靠员工的身体素质，更依赖员工的大脑和心智，人的价值创造潜能越发重要。工业时代的管理体系无法应对新的挑战,如何释放员工的热情、激发员工的信心和获得员工的承诺,则需要迭代的管理思路。企业在效益增长的基础上要与员工共享发展成果,在分配机制上以业绩为导向,以能力为基础,短期激励与长期激励相结合,物质激励与精神激励相结合,鼓励和引导员工提高绩效、提升能力、树立正确的工作态度。

利益机制有以下分配形式:短期报酬、长期报酬、外在报酬、内在报酬。

短期报酬。短期报酬是给予员工短期创造价值的回报。静态工资、动态工资和人态工资实质上都属于短期报酬。短期报酬的数额取决于员工认为别人从事相应的工作能得到多少钱,以及用这些钱能买到什么等价物。

短期报酬往往在员工提供相关服务后12个月内,需要全部予以支付。短期报酬具体包括:工资、奖金津贴和补贴,职工福利费,医疗保险费等社会保险费,住房公积金,工会经费和职工教育经费,短期带薪缺勤,非货币性福利以及其他短期报酬等。比较极端的短期报酬是日薪、周薪,雇用临时劳动力只是起到补充劳动力的作用,难以形成稳定的用工机制。

长期报酬。为了激励经营管理人员与员工共同努力,使其能够稳定地在企业中长期工作并着眼于企业的长期效益,以实现企业的长期发展目标,可以给予管理人员以约定的价格购买未来一定时期内公司股票的权利,以此约束和激励管理人员。

为了使企业管理人员和专业人员的利益与企业股东的利益、企业利益协调一致，就需要设计长期报酬体系。长期报酬的激励周期往往超越一年，以期权、股权、大额奖励等方式呈现。

外在报酬。外在报酬是为体现被激励人的地位，体现组织对其的认可，为被激励人颁发的有意义的物品或荣誉。外在报酬的价值取决于象征物对于被激励人的象征意义。外在报酬包含但不限于私人秘书、宽敞的办公室、高档专车、诱人的头衔等。还有一种外在报酬是荣誉，如文化荣誉或各种工作荣誉。

有的企业建立荣誉室或者荣誉墙，展示企业的优秀员工风采，激励他们与企业共同奋斗。比较典型的外在报酬是美国职业篮球联赛（NBA）通过评选各种球员荣誉，举办各种荣誉颁奖活动，在球员的整个职业生涯中对其进行全方位的激励。

内在报酬。内在报酬包括精神满足感、成长机会、使命回报等。精神满足感是因为工作而衍生出来的回报，这种回报与工作性质，以及承担这份工作的人与其责任的匹配程度成正比。例如，画家沉迷于写生或创作。另一种内在报酬是成长机会，例如获得学历、技能、知识培训、晋升、轮岗的机会等。

还有一种更高级的内在报酬是使命回报，是一个人在组织环境中，体验正在朝使命迈进、攀登更高远的目标、从事更有意义的工作的感觉，从而衍生出来的内在回报。例如，革命先辈为建立新中国抛头颅、洒热血。

第二部分

散点市场进化

第四章

前沿化战略：从零到一创造未来

经济增长不一定总是持续的，历史发展不一定总是前进的。疫情冲击、大国间对抗，使我们在几十年经济繁荣中形成的确定性认知受到挑战，对环境的不确定性感到担忧。

散点市场就是一种充满不确定性的环境，市场需求相对集中但变化快速，这就要求企业抑制自身的控制性思维，以更加灵活、动态的思维模式应对多变的市场，就像克里斯坦森（Christensen）所言："传统企业很可能死于路径依赖，颠覆性创新可能会破坏传统领域的增长，却有可能为企业带来全新的未来。"

彭剑锋教授认为：在传统工业时代，牛顿与泰勒的原子式思维推崇稳态与控制，强调严格分工与秩序，这适应了大规模制造与工业流水线，取得了巨大的成功。在信息化与知识经济时代，世界充满不确定性与变化，个体力量崛起，需要用量子思维重新思考一切，在不确定性环境中，重新构建管理认知与事业理论。

量子思维在散点市场中的应用就是人们更熟知的"互联网思维"，也是前沿化战略的基本思想：将每个个体都视为一个量子，个体的能量蕴含在与他人的关联互动中，个体在相互碰撞中产生量子聚变效应，释放惊人的能量，启发我们从普遍需求思维转向痛点思维，也就是互联网思维的"专注"。

量子思维的能级原理，强调量子内在能量释放和外在能量聚合，启发我们从边缘创新切入，开发连接更多资源的服务和更具能量的"爆品"，也就是互联网思维的"极致"。

量子思维的能级最低原理，启发我们的产品设计要贴合核心技术，同时应最容易打动客户，也就是互联网思维的"口碑"。

量子思维的能级跃迁，强调在最低能级取得优势后，必须准备构建下一个能级，启发我们对市场变化具有敏感性，及时反映与调整所有影响能级变化的因素，也就是互联网思维的"快速迭代"。

一、散点市场：充满不确定性的商业丛林

宝洁公司首席运营官罗伯特·麦克唐纳（Robert McDonald）用军事术语来描述当今的商业世界格局：这是一个 VUCA 的世界。VUCA 指的是易变性（volatility）、不确定性（uncertainty）、复杂

性（complexity）、模糊性（ambiguity），正是对散点市场特点的典型概括。

科技的进步增强了商业的易变性。摩尔定律表示集成电路芯片上所集成的电路数目每隔18个月就翻一番，微处理器性能每隔18个月提升一倍。信息技术革命让人类文明开始进入快车道：互联网让信息能瞬间触达世界各个角落，一个亮点可以使一个品牌瞬间爆红，一个污点可以让品牌转瞬暗淡。过去燃油汽车每3年左右升级换代，现在新能源汽车每年都会有新款升级。华为、阿里巴巴、腾讯进入《财富》世界500强，分别耗时23年、18年和19年。小米2010年4月创立，仅用9年就登上《财富》世界500强榜单，在极短的时间内就走过了创立、成长、鼎盛的周期。

价值观开放与文化多元加剧了不确定性冲突。社会的进步让人们的思想得到解放，但是文化的进步与技术的创新不能同步，技术进步带来的成果不能被多数人享有。所以人们出现了精神上的割裂、价值观的分裂，对世界的看法存在种种不确定性，文化呈现多元化。在生活中，现代家庭关系出现越来越不稳定的趋势，离婚率不断攀升。在工作中，职场关系也出现越来越不稳定的趋势，互联网公司出现裁员潮。在国际上，中美贸易冲突持续深入，俄乌冲突的影响扩大蔓延，这些都打破了我们认知的"常规"。

"互联网+"模式的不断创新加剧了复杂性。复杂性意味着一件事情的发生会影响到另外一些事情。"互联网+"让社会知识的积累和信息的传播变得方便而迅速，让世界成为一个统一的市场，种种颠覆性的商业模式层出不穷。企业面临的竞争对手甚至不是同一行业的，可能来自不相关的某一个行业。凯文·凯利（Kevin Kelly）说："即将消灭你的人，还没出现在你的敌人名单上。"谁会想到取缔"黑车"的不是政府部门，而是滴滴出行；让长途电话使用减少的不是电信公司，而是腾讯微信；打败康师傅方便面的不一定是统一方便面，而有可能是外卖平台。

传统的思维惯性导致了认知的模糊性。互联网及人工智能等技术的加速应用给人类的工作和生活带来了突如其来的现实变化。但是人们还是用传统的思维习惯去看待思考问题，多数时候也还是靠过往的经验模式作决策。这会导致我们越来越看不清未来，也越来越看不清自己，很有可能由于模糊认知而迷失方向。柯达、诺基亚可以一夜之间倒下；索尼、松下等传统家电巨头可能在市场上瞬间消失；家乐福、沃尔玛等传统零售巨头的门店在中国市场可以说撤就撤……

二、散点市场事业理论：互联网思维，以变应变

在典型的 VUCA 环境下，需求具有不确定性，并且需求的变化越来越迅速，只有采用前沿化战略才可以适应变化，创新应变，促进增长，保持优势。

散点市场事业理论认为，既然科技发展加速了商业不稳定性，那么就要设计敏捷商业模式，塑造敏捷组织能力，用稳定输出的能力应对环境的不稳定性，图4-1是前沿化战略的示意图。世界价值观多元化导致了不确定性，那么企业就应聚焦一类用户需求，选择一个价值痛点，以点突破。"互联网＋"导致了变化的复杂性，那么企业就应打造产品力，加固长板，把优势所在做到极致、无可取代。既然传统思维方式让认知变得模糊，那我们就应培养迭代思维，提升组织学习能力，和外部环境协调一致，这样就能看清前行的路。

图 4-1 前沿化战略的示意图

最能诠释散点市场事业理论的是雷军的互联网"七字诀"。雷军认为互联网不仅是一种技术，更是一种战略方法论。2012年他出席中国互联网站长年会时，分享了互联网"七字诀"：专注、极致、口碑、快。如今，互联网"七字诀"的应用已经超越了互联网行业，被更广泛的行业借鉴。

"专注"是小米创业初期只推出一款手机的原因。只推出一款产品，需要企业精准把握用户的痛点，需要足够自信这款产品就是用户最需要的。当时，山寨手机还处在繁荣时期，3天内市场上或许就能出现100款新手机。苹果手机只出过5款，颜色也十分单一。乔布斯的"专注"体现在刚开始苹果手机只做一个颜色。当小米开始做手机时，雷军高度认同乔布斯"大道至简"的理念。小米坚信"少就是多"，专注才有力量，专注才能把产品做到极致。

"极致"就是做到你能做到的最好程度，做到别人达不到的高度。暴雪娱乐（Blizzard Entertainment）创办30多年，只推出了几款游戏，但款款经典。小米第一次做手机，就采用双核1.5G处理器，选用高通（Qualcomm）、夏普、三星、LG的元器件，选择英伟达（Nvidia）、富士康代工，只有这样，小米才能做到别人达不到的高度。

对于"口碑"，雷军有着特别的诠释：口碑不是价格便宜，而是超越用户的期望。他举例称，小米在创业初期，强调产品发布前一定要保密，一定要足够低调。第一款产品推出的时候就是在论坛里发布几个帖子，靠"米粉"口口相传，结果口碑甚至传到国外去了，因为产品超越了用户的期望。

对于"快"，雷军坚信"天下武功无快不破"，快就是一种力量。"快"可以掩盖很多问题，快速迭代可以解决很多过程问题，快速发展的时候往往是风险最小的时候。速度一旦降下来，很多问题就暴露出来了。速度对于互联网企业至关重要，所以，如何在确保产品质量的情况下使生产提速,是所有互联网企业最关心的问题。

三、战略定位:从需求思维到痛点思维,以点突破

在散点市场竞争不像打固定靶,只需身心合一,坚持长期练习,形成肌肉记忆,就能无往而不胜。在散点市场竞争更像是打移动靶,不知道下一个靶会出现在哪里。企业必须全神贯注,发现目标靶移动后,迅速跟进、瞄准、射击,行动连贯果决,稍有犹豫就会错失良机。

华夏基石战略与文化专家陈明曾言:"企业的战略选择不一定是非对称性的、单一聚焦战略选择,也可能是对称性的多选择、动态探索中的迭代聚焦。"源源不断地发现需求并满足这些需求,就会源源不断地产生商业价值。

满足需求的过程中,往往存在很多陷阱,真需求、伪需求、强需求、弱需求并存,一旦掉入需求陷阱,企业就会浪费大量资源与时间。为避免资源浪费,最有效的办法是从需求思维升级为痛点思维,先找到用户的痛点,从痛点出发来满足用户需求。

所谓痛点,就是让用户最困扰的需求点。用户在使用产品或服务时抱怨的、感到不便利的接触点就是痛点。产品只有有针对性地解决用户痛点,才有可能引爆市场。总之,在散点市场中,

企业要从满足普遍需求转变为解决痛点需求。企业要寻求一个突破点，获得爆发式增长，随着市场成长成熟，再寻找下一个突破点。

在服装产业中，柒牌40多年专注男装领域，无论是品牌建设还是产品研创，一直走在时代浪潮前沿，力求成为时尚先行者、探索者。为了生存，中国男装品牌要么在多元化产业投资道路上狂奔，要么用加盟买断商业模式快速扩张，要么用出卖商标使用权的方式消耗品牌价值，而柒牌走出了一条专注中华时尚、动态创新的品牌发展之路。

西装是来自西方的服饰，西方人的身材高大，脖子比较粗。从审美上来说，脖子粗、短的人不适宜穿立领、竖领款式，那样的款式不仅起不到修饰的作用，还会突出缺点。所以西装领被设计成翻领并且很大、很宽，就是为了扬长避短。相比之下，为西方人设计的西装对于中国人的身材就不那么适合了，这成为中国人穿西装最大的痛点。

量体裁衣，看菜吃饭，一把钥匙开一把锁，这是非常朴素的真理，有些差异是难以改变的。柒牌创始人洪肇设一直认为，中国人和西方人在身材、服装文化方面差异明显。中国人追求天人合一，衣服自然合体；而西方人追求战胜自然，衣服扩展身体。柒牌专注于"创享中华时尚，演绎美好人生"的品牌使命，以中华文化为核，融合全球资源，彰显中国服饰之美。

基于中国服饰文化，柒牌改造硬挺西装而成的"中华立领"

服装，一经推出就惊艳四座，再经代言推广迅速风靡市场。基于中华时尚底蕴，中华立领树立了柒牌品牌形象，带动了柒牌西装的销量，使柒牌西装在中国市场多年销量领先。

在男装散点市场中，柒牌的核心竞争力体现为动态创新。以用户为中心，不断发现用户痛点，持续推出解决痛点的极致产品，让更多人喜爱柒牌，让更多人穿柒牌。20世纪90年代，人们穿西裤喜欢"烫裤线"，但是烫后裤线持续时间很短，很是让人头痛。柒牌通过一种胶水免烫技术，使裤线经过多年水洗也不会消失，让人们的西裤永远"有型"。在我国很多重大外事活动中，人们穿着的服装基本是西装，缺少中国文化特色，柒牌洞察先机，研发多款适合外事活动的中华立领服饰，展现中国大国风貌，产品多次被国家外事部门采用。

西装的挺括是人们追求的穿着效果，但是由于运输、搬运、储存等原因往往造成西装出现褶皱、压痕等，店铺往往来不及熨烫就交付用户，影响柒牌用户的消费体验。柒牌通过改造生产线、递送设施，推出挂送系统，让西装在生产运输环节尽量保持悬挂状态，减少被压皱机会，尽量让消费者拿到手的西装保持挺括。

无论是彰显中国传统文化魅力的中华立领，还是贴合年轻人需求的时尚服饰，柒牌借助产品创新，以特有的方式解决用户痛点需求，也构建了鲜明的品牌形象。

四、增长路径：产品颠覆性创新，探索与市场共生轨道

在散点市场成长，就是不断解决用户痛点的过程。回顾前沿企业的发展，它们的增长路径就是探索新产品与市场共生轨道的过程。

哈佛大学教授克莱顿·克里斯坦森（Clayton Christensen）在《创新者的解答》中引用了一份研究报告，该报告对1955—1995年《财富》世界500强中的170多家企业进行研究发现，在这40年中，只有5%的企业做到了增长率大于通货膨胀率。换而言之，95%的企业在某一年经营达到高点后，开始逐步畏缩不前。克里斯坦森认为，阻碍这些企业前进的便是创新不足，尽管这些企业并没有坐以待毙，也投入了大量资金用于创新。例如，自谷歌退出中国市场后，百度在搜索引擎市场几乎没有对手，虽然其每年创新投入都在10亿元以上，但是人们普遍认为百度缺乏创新。

克里斯坦森进一步阐明：这些管理良好的企业之所以遭遇失败，是因为推动它们发展为行业龙头企业的管理方式，同时也严重阻碍它们发展破坏性技术，而这些破坏性技术最终吞噬了它们的市场。管理良好的企业都善于发展持续性技术，善于以消费者所认可的方式持续改进产品的性能。一味地完善现有产品和扩展现有市场，让这些所谓的成功企业陷入自己编织的"成功陷阱"，

难以发展破坏性技术和新的市场，缺少对消费者新的价值的探索和贡献，难以进行颠覆性创新。

颠覆性创新往往产生于那些我们看不见、看不起和看不懂的事情，甚至是产生于一些被传统公司嘲笑的事情。360董事长周鸿祎曾分享："真正的颠覆来自微观的地方，来自侧翼，来自边缘，来自把你的资源聚焦在一起，追求极致。"

颠覆性创新与持续性改进有很大的区别。根据《哈佛商业评论》的定义，颠覆性创新是通过应用破坏性技术或重新定义客户价值曲线，为客户带来新的价值或更多的价值，进而引发行业生态系统的改变。颠覆性创新是以全新的产品、服务或商业模式与客户互动，这些创新能否被接受，取决于其能否为利益相关者创造更高的价值。颠覆性创新的过程中往往发生业务生态系统的重构，企业文化、业务模式、组织形态都将发生天翻地覆的改变，可以说是一次脱胎换骨。

华夏基石企业文化专家宋杼宸认为：颠覆性创新的出现，对企业的运营管理来讲，冲击的不仅仅是原有的管理方法，更多的是思维和形成的理念。颠覆性创新意味着创造出更简单、更容易、更便宜的商品，从而重新定义竞争格局，最后把原来的行业领先巨头挤出市场。

我们曾为一家获得多轮融资的生物医药企业提供咨询服务，其主要业务涵盖细胞药物、细胞健康、细胞医疗三个业务板块。在企业顶层设计研讨会上，高管们关于企业的增长路径争论不休。第一组认为发展高科技含量的细胞药物业务是核心，要集中资源进行大规模研发。第二组认为发展目前市场高流量的细胞健康业务是核心，要集中资源进行大规模全国推广。针对是优先发展细胞药物业务还是细胞健康业务，讨论越来越热烈。

第一组的主要理由是企业拥有技术优势，他们认为：想在激烈的行业竞争中制胜，需要依靠领先的技术和产品研发，唯有科技创新与突破才能带来领先于竞争对手的优质产品和服务，唯有技术创新才能为积极营销提供强有力的背书。企业已经在细胞技术领域深耕多年，积累了海量技术数据，拥有多项突破性专利。国际领先的创新性研发人才队伍是企业强大竞争力的源泉，一定能构建独一无二的细胞药物闭环产业链。

第二组强调短期市场流量机遇，他们认为：短期内坚持流量为王的市场策略，抓住细胞行业发展的机遇期，不断创新渠道模式，通过招商代理等形式积极抢占客户流量入口，做大以细胞存储为核心的细胞健康产业客户群。规范客户基础服务，做好高端客户定制化服务，逐步培育客户黏性，构筑客户转化成本壁垒。长期策略以研发创新作为企业发展的驱动力与核心竞争力，企业要持续引进全球最顶尖的细胞技术专业人才，打造卓越的技术研发团队，开发出数量和质量均在全球领先的专利技术和创新产品，形成企业在科技资源上的强大护城河。

在短时间内难以达成共识的情形下，作为管理咨询顾问，我们引导高管团队阅读参考有关颠覆性创新的理论资料和案例。高管们对颠覆性创新的理论作出了积极反馈，尤其认为产品市场二象性原理很有启发。

产品市场二象性原理也叫产品市场共生轨道原理，源于量子物理的波粒二象性。这一原理指出，创新具有二象性——它既是产品创新也是市场创新，两者相互叠加，成对出现。它既表现为一个产品创新问题，也表现为一个市场创新问题。核心技术不产生显性价值，必须借助市场，形成技术与市场的共生体。产品和市场两者相互引导、验证，共同前行或者转向，直至找到产品与市场需求匹配及共生的环境，一起成长并创造价值。

高管们在新一轮的研讨中，逐步厘清了增长逻辑：企业处于行业初期发展阶段，就像是刚开始转动的飞轮，市场与技术是飞轮的两翼，人才是飞轮运转的动力。企业通过压强原则投入研发，吸引行业一流人才，靠卓越人才创造卓越技术，用卓越技术打造卓越产品，实现卓越客户价值体验。抓住发展机会创造卓越业绩，再通过卓越业绩吸引卓越人才，形成技术营销相生互动、高效运转的飞轮效应，实现"机会牵引人才，人才牵引技术，技术牵引产品，产品牵引资本，资本牵引更多更大的机会"的良性循环。

明确了"技术与市场相生互动"的增长逻辑，就要判断哪些业务最容易诞生技术与市场共生轨道，自然就能厘清增长路径。在企业创业发展的现阶段，初步制定以细胞储存、基因检测、细胞临床试验为基本业务，细胞药物为战略业务，核酸药物、抗体药物、健康大数据为新兴业务的业务梯队。

在现阶段，企业要有强烈的卡位意识，以快速积累优质渠道、优质资源、优质客户和优质合作伙伴为目标，实现"一流的技术，超一流的营销"，在市场和营销上进行布局卡位。

同时，也要清醒认识到，作为一家高科技生物医药企业，要做大做强，一定要靠优质的技术和产品形成无可争议的优势。这种认知和强调市场迅速卡位并不矛盾，迅速卡位给企业赢得研发出优质技术和产品的时间，而优质的技术和产品可以为企业在市场和营销上进一步扩大优势提供最有力的支撑，二者相辅相成。

五、竞争策略：坚持最低市场能级原理，实现最大概率商业成功

颠覆性创新往往发生在边缘产品和边缘市场，颠覆性创新的成功是一个渐进的过程，遵循最低市场能级原理。最低市场能级原理指出，企业应聚焦于能级最低的产品市场轨道。在物理学概念中，能级最低是指最稳定且饱和的一种状态。在企业界，能级最低则体现为产品技术实现阻力、产品推广阻力的综合阻力最低。华夏基石企业文化专家宋杼宸认为，能级最低的产品市场轨道有三个核心要素：第一，在产品设计上利于发挥核心技术优势，同时又能容忍核心技术劣势的存在；第二，在市场定位上最容易打动客户，且商业推广阻力最小；第三，产品市场的市场容

量尽可能大。

以前述生物医药企业的竞争策略为例,细胞健康产品客单价为十几万元到几十万元不等,按照最低市场能级原理,企业短期聚焦高净值人群,以卓越的产品价值和贴心服务获取高端客户中的意见领袖,通过他们的口碑传播建立产品和品牌的高端形象,在高端客户市场取得突破。中期深耕存量市场,从经营产品转向经营客户,并着手布局线上营销和终端客户市场。远期抓住时机进军大众市场,用服务高净值人群的成熟模式和口碑带动终端客户,从高端市场扩展到大众市场,通过福泽大众实现长期可持续发展。

该企业确立了商业成功的策略,便对明确的战略业务进行"饱和式"压强投入,力争核心技术的快速突破和转化应用,做到行业前两名,保持企业在主航道的竞争优势和盈利空间。该企业也明确,如果某项业务不能在所处领域做到前三名,便及时退出,这一点在目前严峻的国内外经济、政治环境下尤为重要。

九阳也是一个把最低市场能级原理运用得炉火纯青的公司,其多款产品成为市场爆品。

1994年,九阳发明了豆浆机。此后,九阳推出了不用手洗破壁机、净热一体净水机、360度热风循环空气炸锅、0涂层电饭煲等颠覆性创新产品,并且这些产品一经推出都在市场上热销。九阳为何能取得这样的成就?这和九阳的产品战略有很大关系。九阳规定,如果某产品不能占据行业前三位,通常就砍掉不做了，除非该产品有很大的潜力。2019年，仅仅豆浆机一个品类，九阳的线上销售市场份额就达到了79.3%，而且九阳豆浆机的平均单价较高，高于美的和苏泊尔。

如何让产品在行业领先？笔者认为九阳的产品战略符合最低市场能级原理，使九阳产品在小家电这个竞争激烈的赛道脱颖而出。九阳的三级研发体系保证其不断推陈出新，保持产品领先优势。第一级是集团的基础研发，研究员们负责长远的技术储备，保障三年以后的技术前沿性。第二级是事业部的基础研发，负责第三年的技术储备。第三级是各产品线的研发，负责下一年的产品开发。这三级研发体系各自有研发规划，把研发的产品按照重要程度分为A、B、C三个类别。A类产品是技术可实现性大、市场接受度高的产品，符合最低市场能级原理，是公司重点投入和集中资源推行的项目，更容易成为爆品。

创新已经成为九阳的文化基因，公司设有创新激励大奖，奖励在研发、营销、生产、管理各个领域取得的创新成就。九阳的奖励不是论资排辈，而是根据实际贡献与结果。这些实在的奖励，让勇于尝试、大胆创新的人尝到了甜头，公司技术成果层出不穷，从最早的"智能不粘技术"到"豆浆浓香技术"，后来又研发出免洗豆浆机等，九阳不断满足用户的需求，提升用户的产品体验。

九阳结合年轻人群的全新生活方式，积极开启年轻化战略。2020年多款九阳原创的厨房小家电，从全球60多个国家和地区提报的上万件产品设计中脱颖而出,一举摘得 27 项德国 iF 设计大奖和红点设计大奖。其中,蒸汽饭煲 Smini 获得 iF 设计金奖,全球仅有 75 件产品获得该项荣誉。

九阳的成功源自产品创新,也源自与年轻消费群体的持续情感共振。2019 年"双十一",九阳与天猫联合打造的"萌潮厨房"活动在著名网红打卡地杭州湖滨步行街亮相,邀请行人共同做游戏和下厨,使用九阳萌潮小家电。此次"双十一"九阳全网销售额破 7 亿元。

九阳联名 LINE FRIENDS 定制的三明治机在直播间刚上链接就被迅速抢购一空,这是九阳开启年轻化战略的一个缩影。"无论是对直播、短视频的尝试,还是对明星粉丝互动的探索,九阳在整个家电营销界都是先行者"。九阳品牌设计中心总监司振明表示,品牌只有真正与年轻人玩到一起,为他们时刻带来惊喜,才能拥有持久的生命力,才能永葆青春活力。

六、核心能力:动态打造领先产品

在散点市场中游刃有余的企业是那些能持续创新、勇立技术前沿的企业。它们对行业变革有深刻的洞察和认知,始终把用户需求的改变作为企业发展方向的指引,把市场变化的信息作为内部变革的信号。它们能紧跟时代步伐,在企业内组织广泛学习,始终处于激活状态。它们能敏捷行动,变革不适宜的制度流程,紧跟用户和市场的节奏。

在苹果推出 iPod 之前，索尼就推出了自己的数字音乐播放器，它还可以和电脑共享音乐，但是，为什么索尼音乐播放器会失败呢？笔者认为，失败的主要原因在于索尼高管的心智模式。心智模式本质是人的认知能力，是基于过去经验而形成的根深蒂固的观念，它决定了我们理解外界的方法和决策导向。在索尼音乐部门高管的观念中，歌曲应该打包销售，用户不管想要一首歌曲还是多首歌曲，都必须买下整张音乐专辑。因此，索尼音乐部门高管拒绝和播放器硬件部门合作。在 iPod 推出几年后，索尼才推出了和其相似的网络音乐随身听，但是已经错过了最佳市场窗口期。

一代代的技术、一代代的产品、一代代的生活场景，都在不断进行颠覆，这是人类社会发展的规律。抗拒改变，就是在抗拒人类社会发展的规律。所以只能考虑能否进行自我革命和自我颠覆，考虑颠覆是否会发生无益。很多经营非常久、非常成功的企业，其实已经"涅槃"了好几次。企业之所以能存活下来，是因为它通过业务的不断迭代、组织的更新而得到新生。这些活下来的企业的核心法宝不是"守"，而是"变"。

在能级最低的市场已取得优势并取得较高市场占有率的情况下，企业必须构建下一个能级轨道，才能摆脱创新者窘境以实现可持续发展。当某种产品或解决方案完全满足了市场需求，且处于领先位置或接近市场占有率极限时，颠覆性创新业务就会慢慢退化为传统业务,而传统业务的市场价值仅由市场容量决定。降格为传统业务后,对产品或服务所做的技术改进,属于一般性的持续性创新,其扩张和不断改进只是为了保住市场份额,而难以获得更大的市场价值。

为解决企业持续发展面临的创新者窘境,超越市场空间并取得成功,企业仍然需要坚持最大概率商业成功原则,按照最低市场能级原理实施能级跃迁。企业应基于自身的核心能力,进入自身轨道相邻的、能级最低的轨道,创造新的价值链,以此来规避现有产品市场共生轨道萎缩、坍塌的潜在危机。

以王府井百货为例,在散布于全国的王府井百货门店中,位于中国西南地区的成都王府井百货,始终以总体销售额和坪效领先的卓越业绩引领市场,被誉为王府井百货众多门店的"店王"。其成功密码,在于秉持王府井集团"人文购物,人性服务"的核心理念,针对目标客户和核心受众群体,深入洞察消费者心理变化趋势,尤其聚焦Z世代年轻人,加强对这一群体的认知、理解,持续探索服务模式,以此实现对时尚生活的引领。

在耀眼的业绩背后,是成都王府井百货系列创新销售举措的设计与实施。比如,针对当下受众的多元构成和多变的消费习惯,该门店一方面努力加速全渠道建设,优化内部组织架构,创建全面负责线上领域的新零售业务部;另一方面大胆推进线上商城改版,通过调整组织架构和丰富品牌资源的双向变革,该门店实现了销售额突破亿元大关的好成绩。与此同时,该门店还通过对线上运营专供资源和更多微商城独家资源引入等方面进行探索，努力让消费者获得更加便捷和满意的消费体验。

成都王府井百货在私域直播方面也做了非常多的尝试，通过私域流量的盘活，在小视频和直播发展欣欣向荣的状态下，其在选择外部主播以及把门店的员工培养成专业的主播上都做了很多的尝试。在抖音平台和主播合作的美妆直播大型活动，为该门店带来了非常高的商品交易总额（gross merchandise volume，GMV），订单不仅直接贡献该门店，也"飞"向了全国各地的王府井百货，这也是互联网时代带给实体经济的新机会。

除了利用互联网模式触达消费者以外，成都王府井百货还探索自己的原创IP内容。比如，"WFJ-beauty"IP借助线下实体店的资源，同时连接优质的国际化商品资源，逐渐走向卖场以外的区域。

第五章

企业家精神驱动型组织：
从企业家的企业，
到企业的企业家

散点市场中的企业，就像处于不断摸索中的探险队，需要在黑暗中辨明方向，尝试各种可能性，方能穿越迷障，到达一个个目标。彭剑锋教授认为，在充满不确定性的时代，战略管理的原点来自企业家的洞见与感知，是一种企业家精神的勃发，是一种面向未来的意识流，这种意识流引领和聚合了各种资源和能量，最终汇成不可阻挡的涌流。

采用前沿化战略的组织，往往是一种小团队组织。这种组织就像微观世界中的"量子团"，每个量子是自由的和动态的，通过不断交互积聚能量。小团队组织中的每个人有企业家精神，有自我驱动心态。同时，领导者也放弃权威，做一个组织者、参与者，以共同愿景激发组织和人释放能量。

企业家驱动组织不仅靠制度驱动，更主要是通过共同价值观驱动，领导者以身示范，让成员缔结心理契约，凝聚成功必胜的信念。领导者的点滴行为会影响组织氛围，会影响利益相关者的态度，所以，就像彭剑锋教授所说："领导者对待这个世界要永远有正能量，用积极的态度拥抱这个社会。"

面对前沿化的大量探索性工作，拥有信念是最重要的，否则员工就会畏缩不前。领导者和员工拥有信念，所有的资源都向组织的战略方向聚集，当能量聚集到一定量级，事业就做成了。就像任正非形容的，做企业就要先画大饼，并让大家信这个大饼，在探索的过程聚焦做成这个饼，然后分好饼，再画一个更大的饼。

一、梯队能力：企业家的务实理想主义

熊彼得（Schumpeter）认为，企业家唯一的职责就是"颠覆性创新"，颠覆旧的市场格局，颠覆旧的产品和服务。"企业家"这个称呼往往不是永远的，而是暂时的。

企业家目前主要面临三个陷阱挑战：一是个人路径依赖。这是一个很难的问题，也是企业基因的一个问题。举个例子，有两家成立之初规模差不多的电池企业，一个老板是做贸易出身，另一个老板是搞技术出身，双方高管经常相互讨论、研究问题。结果后者成长为如今的比亚迪，而前者在规模、技术发展等方面差

距很大。这就是个人路径依赖产生的不良后果。

二是企业家陷阱。企业家面临着一个很重要的问题，就是经营权和所有权不能分离。很多企业通过文化项目把问题摆出来了，但有很多问题需要企业家自己去解决。比如一家旅游企业做到了垂直领域的龙头，但创始人还是分道扬镳了；又如一个电机企业合伙人分家，导致整个企业业务下滑；还有一些企业很难找到职业经理人，老板苦苦支撑，难以把企业做大。

三是缺乏系统思考。原来的业务技术环境发生了很大的变化，企业家缺乏系统思考，难以突破第二增长曲线。企业文化没有从"老板文化"转变为"组织文化"，没有建立起组织理性、组织规则、组织共识。

如何能够成为一个成功的企业家？这是个仁者见仁、智者见智的问题。首先，企业家要能够创新。企业家要有血性，要能够去创造。企业陷入迷雾时，企业家能够凭借一丝微光，发现一般人无法发现的机会，能够运用一般人不能运用的资源，找到一般人想象不到的办法。其次，企业家要有胸怀。有"洁癖"的人要想做企业家，是非常困难的。有的企业家在成功之后，很难再保持谦虚。但是，真正把企业做大的企业家都非常谦虚，因为企业家的胸怀有多大，企业才能被做到多大。最后，企业家要能够系统思考。企业家要能够把个人的思考变成组织的思考，从而形成组织的文化。要由企业家精神驱动企业发展，通过组织文化建设与梯队建设，打造一批具有企业家精神的准企业家群体。

1997年，乔布斯重返苹果的时候，苹果已经濒临破产。他是如何把这家垂死挣扎的个人电脑公司打造成电子高新技术产业的超级公司的呢？答案是绝对的注意力聚焦。在目标群体上，聚焦于大众消费者和专业人士；在市场战略上，聚焦于数字娱乐和家庭消费市场；在竞争优势和组织执行力上，聚焦于苹果最擅长的专业领域。

乔布斯将工作重点放在自己擅长的领域：开发新产品，监督市场营销并进行宣传演讲，以及商务谈判。而对于自己不擅长的领域，乔布斯则授权给他人，比如投资电影、与华尔街打交道、运营和保持产品品质。

乔布斯多次掀起了革命浪潮，Apple Ⅱ、iPod、iPhone重新定义了人们对个人电脑、音乐、手机的看法，颠覆了人们的生活方式。乔布斯凭借什么做成这一切？颠覆性创新向来都是最艰难的。我们看到，很多企业都在一次巨大的成功后停滞不前，难以跨越从优秀到卓越的门槛。而对于乔布斯，似乎任何事都能重新定义。无论过往多大的成功，他都能抛诸脑后，重新定义自己、定义苹果公司和产品。

所以，乔布斯一次一次地超越了自己，创造了一个又一个颠覆性创新的产品，不断地将苹果带向新的高度。乔布斯这种颠覆性创新和重新定义的能力是值得我们去思考和探索的。笔者认为乔布斯具有的企业家能力源于两点：一个是与众不同的思考角度，一个是求知若饥、虚心若愚。

如何为企业家提供能量加速和机制驱动呢？华夏基石在这方面有很多践行经验，华为、山东新希望六和集团、金正大等企业常年和华夏基石保持着联系，华夏基石因此获得了对企业家能力的许多洞见。

企业家是"特殊材料"做成的，他们要想"进化"，一般人的帮助很难发生作用，需要有成功实践经验的、真正的高管教练提供助力，"纸上谈兵"很难帮助企业家进化。

在能量加速层面，可以从四个方面着手：一是自我批判，需要借助所谓的"二传手"。可以以咨询专家或者企业家信任的人为中介，通过二传方式进行企业家的自省。彭剑锋教授为企业做咨询的时候，经常会和企业家及高管一对一深谈，去照镜子、做批判。

二是经营分析会。企业的经营分析会一旦进入正常状态，就能够从组织目标的差距、组织过往事件的复盘以及策略的复盘中，慢慢地形成组织能力，去弥补企业家能力上的不足。

三是高手过招。企业家要能够通过社交取长补短，比如参加私人董事会、MBA课程，进行管理咨询指导。

在机制驱动层面，可以从三点入手：一是团队一起奋斗，要从"企业家的企业"向"企业的企业家"转换，很多企业做不大就是因为企业只是靠老板一个人努力，没有团队合力。企业家要将所有权从"我的"转变为"我们的"，把企业建成共同的事业平台。要有一群事业合伙人同行，大家共识、共创、共担、共享，才能走得更长远。为什么小米要学华为的干部管理？因为人才培养不能只靠人力资源部，还要靠干部。各个层次的干部都要承担起培养人才、发展人才的责任。一家企业的首席人力资源官是老板，真正的顶级人才都是靠老板去培养的，而不是靠人力资源部。人力资源部主要帮助企业构建"之"字形人才体系，而顶尖人才体系是老板亲自构建的。二是使命激励，企业家要自我激励，从立功到立德再到立言，不断地提升自己的境界。企业文化从"老板文化"转变为"组织文化"，要建立起组织理性、组织规则、组织共识。三是职权激励，从组织层面去培育具体的功能，从制度、机制层面去慢慢引导企业。企业的评价体系从"老板个人主观评价"转变为"客观评价体系"，薪酬制度的背后一定要有理性依据。组织内部要从"个人敬畏"转变为"组织规则敬畏"，员工不是听命于老板，而是听命于机制制度。

二、组织形态：任务型组织，组织"倒下去"，个人"站起来"

任务型组织是按照简洁原则组成的"聪明人"的小团队，维持小规模。因为人数一旦增加，复杂性就会随之增加。在《纽约客》的一篇文章中，亚马逊创始人杰夫·贝索斯关于团队交流发表了独到的观点："过多交流是低效的表现，它意味着员工没有紧密地、有机地一起工作，我们应该减少交流而不是增加交流。"贝索斯利用"两个比萨"的团队理论来减少沟通，即如果两个比萨不能让一个团队吃饱，就说明这个团队太大了。

乔布斯也是推崇小团队管理的企业家，他认为灵活的小团队管理是苹果持续取得成功的关键，也是那些依赖高质量创意的组织成功的关键。乔布斯希望在开会的时候，会议室里每个人都是至关重要的参与者。他的理念非常简单：参会者必须有参加会议的理由，没有所谓的"面子"邀请，要么是非常被需要的，要么是根本不被需要的。尽管苹果早已是一家大公司，但乔布斯极力反对用"大公司思维"做事。

苹果的小团队管理原则来自常识，一般来讲，小团队关系简单、责任明确、成果清晰，比大团队更有动力、更容易聚焦，"聪明人"更容易高质量地工作。可是，现实生活中企业经常会举办许多人员冗余的会议。如果这些会议参与者数量减半，很多会议就能避免偏离主题，很多会议就能减少无效发言。但是，大多数会议发起人都碍于情面，难以做到公事公办。企业如果不采取行动减少团队人数，就会破坏企业的向上氛围，慢慢滋生"大企业病"。事实上，企业完全可以在保持友善的同时严格控制团队规模，就像乔布斯所做的那样。

谷歌也坚持小团队管理，其认为小团队要比大团队更有效率，小团队内部不会花费太多时间钩心斗角。在一家大规模的企业中，大、小团队的存在都是必要的。为了鼓励小团队更好地发挥积极主动性，谷歌给小团队更大的自主权，甚至鼓励小团队自主决策项目，自主展开行动。随着产品的增加，小团队往往也会扩大规模，最初由少数人负责的业务，渐渐发展到需要更多人努力才能维持。蓬勃发展的业务扩大规模是可以接受的，只要团队规模扩大不阻碍原有的小团队进行颠覆性创新就行。

王府井百货集团有一个强调简洁组织和自治原则的团队，即地处北京的王府井百货大兴店。在市场持续低迷的大背景下，该店在实践摸索中，寻找自身的发展节奏，以新时代的"一团火"精神，领跑于王府井百货集团各店。

百货业如今变化很大，从以销售商品为中心，到开始满足顾客在生活方式和价值观方面的追求。在日新月异的百货业，王府井百货大兴店何以让组织充满活力，引领生活时尚呢？大兴店的总经理陶晓纲是一位非常有个性的经营者，他不仅带领大兴店实现业绩指标平稳增长，还推广了一套很"另类"的组织管理模式，这体现在他们的口号中："倒下去的是组织，站起来的是个人""对外大企业，对内小公司""思想别太远，行动别太近""唐僧精神"等。

"倒下去的是组织，站起来的是个人"。从前，人们习惯用等级化的眼光看待组织架构，而今大兴店的组织架构顺时针旋转90度，从垂直分布过渡到了横向分布，组织变成了围绕消费者的流程化组织，一切行动以消费者的需求为起点，以消费者的满意为终点。

在原有组织架构下，员工并不是始终考虑消费者的潜在需求或者痛点，他们在开发产品、服务的时候，往往琢磨的是领导想要什么、自己部门要做的工作是什么、产品到底卖得好不好，并没有真正了解顾客真正的需求点在哪里。在新的模式下，员工的上级仅能提前知道一个信息，而不是凌驾于员工之上，同时，上下级的目标是一致的，那就是以消费者为中心，一切工作为了给消费者创造更好的生活。

大兴店鼓励部门小团队自治化。如销售部门要对自己的销售额、毛利润、毛利率、费用、利润等指标负全责，对卖场负责。自治让销售部门得到更多权利，但前提是要承担更多义务和责任。陶晓纲看了某部电影后颇有感触，于是就组织团队观影活动，员工自愿参与，看后要写观后感。其中几篇认为这部电影不好看的观后感让他眼前一亮，他觉得团队就应该有自治精神，就应该有畅所欲言的氛围，不能盲目响应领导的看法而屏蔽了自己的声音。

大兴店注重团队氛围营造。陶晓纲是个乐观主义者，凡事愿意往好处看，所以他也希望他的团队是积极的。"很正，很积极"是团队一贯坚持的文化理念。"很正"就是做正确的事，"很积极"就是用积极的心态看待问题。小团队冲在前线，后面有公司平台支撑鼓劲，团队成员之间高度默契、配合良好。

大兴店鼓励个人发挥创造力，个人创造力＝独立工作 × 互动系数。在这种鼓励下，员工做事能够发挥主观能动性，自己做好后再牵引他人做好工作，形成了"不埋怨、不推卸、不抛弃、不放弃"的风气。

三、组织运行：文化协同，唯有文化源头活水来

前沿化企业面对未知情况，面对千变万化的环境，必须有一套共同的方法论才能在各种场景下如鱼得水。前沿化企业仅仅有流程和目标是远远不够的，企业需要对在实践中持续探索得出的成功经验进行反复验证，形成员工共同应用的方法论，这样才能实现效益与效率最大化。换句话说，前沿化企业依靠的是企业家精神激发出的个人创造力。

举例来说，奈飞之所以能够成功，是因为其最初将一系列显而易见的前沿化管理理念设为规定。被誉为"硅谷重要文件"的《奈飞文化手册》明确提出："以流程为导向的公司不可能快速适应环境，因为其员工非常擅长遵循现有程序，所以我们尽量摆脱规则。我们的文化是富有创造力且自我约束的，也是自由而负责任的。"在高度动荡的散点市场，奈飞的文化为公司的可持续生存能力及卓越的财务表现奠定了基础。

柒牌是一家强调文化管理的品牌服装企业，企业内部有一套"柒文化"特色语言体系和行为体系，让来自五湖四海的员工融合为一个"形散神不散"的整体。"柒文化"包含七好产品、七好店铺、七坚持战略方针、七化管理方针、七要管理者素质、七

该管理艺术、七会职业技能。"七好产品"是产品开发的思想，包括款式好、颜色好、纹理好、搭配好、质地好、版型好、工艺好。前三好是设计阶段的要素，后三好是制作阶段的要素，搭配好是各要素共同的要求。

"柒文化"慢慢渗透到企业日常经营和管理活动中，形成企业特殊的工作方式和行为习惯。一个企业最外显的文化是员工的着装、仪态、谈吐，文化变革的顺序往往是由外而内，创造文化氛围，人自动会改变。例如，柒牌招聘的一位男性高管，曾在华为工作，刚入职一直穿着职业正装，给人以干练、职业、严肃的印象。他参加高层会议时，感觉自己和公司氛围格格不入，因为老板穿着时尚撞色衬衫，其他高管的着装风格也大多休闲时尚。会后，老板让他去柒牌门店选择清爽的七分裤和时尚T恤，这有利于他融入柒牌时尚文化，和其他高管打成一片。

柒牌一些部门开展的"创享早会"非常有时尚特色，除了复盘工作和分享工作经验，最后还有一个时尚点评环节。大家选出一位当天的"时尚之星"，点评其穿搭特色和审美特点。柒牌总部的7S现场管理法也有别于其他企业，其他企业按照7S标准打分汇总评选出先进部门，而柒牌还额外增加一项创意陈设，就是对部门文化墙策划、物品陈设创意、花草搭配等环境艺术氛围的营造进行评价。

四、管理机制：构建信念共同体，因相信而看见

前沿化企业在不断地从事"探险"工作，企业家就像探险家领队，每个员工都是探险队员。环境艰险，要求每个成员都是行业精英，每个人都要拥有强大的信念，能够运用自身技能化险为夷。

在前沿化企业有一句广为流传的名言：发现一座高山并征服它。这表明前沿化企业只有勤于学习、意志坚定、适应紧张节奏、喜欢冒险才能生存。相对其他企业员工的责权利，前沿化企业员工普遍责任更重、权利更大、长期利益更多。

谷歌给予员工更重责任。OKR 能帮助员工明确什么是最重要的，什么是不重要的。在制定目标的时候，谷歌鼓励员工大胆一点，创始人拉里·佩奇说："当你制定的是疯狂而富有挑战性的目标时，即使没有实现它，你也仍然会取得不小的成就。"但大胆也得兼具理性，要保证目标既有挑战性又合理。制定目标可以遵循"70% 原则"，也就是说如果目标完成了 70%，则说明目标是合理的。比如目标是把搜索时间缩短 10 毫秒，如果刚好缩短 7 毫秒，完成 70%，说明目标制定得正好。如果轻易缩短了 10 毫秒，则说明目标定低了。

在谷歌，OKR 的制定是自下而上的，能给予员工一定的自由度，调动他们的主人翁精神。打个比方，医生建议你加强锻

炼，以便参加马拉松比赛，你可能不会心甘情愿地接受，但如果你是出于自己的意愿参加比赛，那么你就会非常主动地配合医生。谷歌的 OKR 是透明的，上至首席执行官，下至一般员工，每个人的目标都是公开的，这方便员工把公司目标和个人目标联系起来，更多地与其他团队通力协作。

谷歌给予员工更大权利。谷歌认为对待顶尖人才不能像对待流水线员工那样，告诉他们应该做什么、不应该做什么，事无巨细地做规定。谷歌的做法是给予人才充分的权利和自由度，让他们探索前沿领域。比如，谷歌在内部实行"20% 时间制"，员工在完成工作之余，可以分出 20% 时间做自己认为可行的研究项目，谷歌也大力支持员工这样做。谷歌的街景三轮车就是工程师利用 20% 时间开发出来的，谷歌街景是在谷歌地图的基础上开发的，它可以让用户在访问地图时更加直观地看到街道的实景。为谷歌采集街道实景信息的工具是街景汽车，但是街景汽车无法进入一些狭窄的街道。一个谷歌工程师在西班牙度假时发现了这个问题，之后他利用 20% 时间设计了一款街景三轮车，用于采集狭窄街道实景，后来又改造出滑雪车，用于拍摄温哥华冬奥会的滑雪项目，这些都得到谷歌的大力支持。在本职工作方面，谷歌也给予员工充分的自由。

谷歌给予员工更多利益。谷歌为了留住人才，提供了很多福利，比如免费的餐饮和通勤班车。但是，谷歌认为留住人才最好的办法是让人才更开心地工作。为了让人才开心，谷歌开展"培训更合格的经理"项目，第一步是设置评价经理的标准，这个标准完全由员工决定。2008年谷歌推出员工幸福指数调查，其中一项是关于他们对经理的要求，谷歌据此整理出对经理的前10项要求作为评价经理的标准。比如，做一名好的导师、给团队授权、不插手下属的工作、关心团队成员的成就等。第二步是给经理打分，按照设定的标准，对经理进行抽样面试，员工根据经理表现给出反馈意见。第三步是改善员工对经理的满意度，通过整理经理打分记录和反馈意见，找到需要改进的经理，有针对性地帮助他们作出改善。如果某个经理的沟通分数较低，他可以参加谈话技巧的培训。经过几年的努力，员工对经理的满意度稳步提升。

谷歌为员工提供差异化的薪酬制度。主要表现为两点：第一点是差异化的工资体系。在谷歌，个人工资完全取决于个人工作带来的价值，做同样工作的员工，由于他们产生的价值不同，工资差异可能达到3～5倍。有的时候，谷歌还会为优秀员工预留足够的工资上涨空间。在谷歌，甚至会出现低级别员工比高级别员工工资高得多的情况。第二点是不平均的奖金。谷歌坚信应该对作出卓越贡献的员工慷慨。如果最优秀员工创造的价值是平均水平员工的10倍，那么，他们最少应该得到5倍的奖金。为了不超过预算，一般水平员工就只能获得更少的奖金。比如，2005年，谷歌总计向11个团队颁发4 500万美元奖金，而其他团队的奖金则少得可怜。

谷歌打造更包容的创造价值的环境。谷歌之前有一款产品 Google Wave，集电子邮件、文本协作、视频聊天于一体。通过 Google Wave，用户可以在开视频会议的同时，给同事发送电子邮件，共同在线编辑一个文档。然而该产品上线一年没有达到预期，谷歌便关停了这个产品项目。虽然这个产品失败了，但这个产品团队中没有任何人被"炒鱿鱼"，多数人还受到了公司重用，原因是该团队敢于挑战高难度的目标，而且这次失败也创造出很多其他成果，比如 Google＋和 Google 邮箱技术。

第三部分

线性市场进化

第六章

专业化战略：从短期机会主义走向长期价值主义

散点市场中那些成功的前沿化企业，有的主动推进成熟业务的专业化、规模化，加大对成熟业务的投入力度，从成熟业务单元分化出独立团队，向专业化企业进化；有的自身失去创新能力，不得不进入低毛利润的线性市场厮杀。

线性市场是一个高度激烈的竞技场：市场需求集中、明朗，就看谁能跑得更快，跳得更高，耐力更强。专业选手和业余选手的成绩差异巨大，要想拔得头筹，就需要走专业化道路，成为竞技场上的专业选手。

时间会默默奖励那些有专长的企业。虽然技术越来越智能化，产品越来越标准化，但是知识技能、隐性知识的长期积淀，最终会成为企业的独特优势。

"深淘滩，低作堰"就是专业化战略的生动写照，通过抑制对短期利益的贪恋，来获得长期利益。"深淘滩"是专注战略定位，深深扎根市场，加大对核心竞争力的投入，加大对长期发展的投入，加大对管理运营的投入；"低作堰"是尽可能地提高质价比，把更多利益让渡给利益相关者，获取更大的市场份额，谋求更大的发展空间。

任正非曾说过，"好产品犹如好歌，只有千古传唱的歌，才是好歌。都江堰经历了几千年，它的设计、结构、思想，到现在都没有人提出来要改造它。这才是真正的好设计，真正的好产品。"来自都江堰的智慧，是中华民族的大智慧，对线性市场中的企业有深刻的启发。

一、线性市场：看得见的商业奥林匹克赛道

市场需求越来越离散，市场的结构分层越来越明显，众多的细分市场开始涌现，很多细分市场将形成全球化大市场。在需求端，社会学中有一个原理，就是当一个国家的人均GDP达到1 000～3 000美元时，整个社会的结构会加速从一元向多元的现代社会结构转型。而随着互联网的普及和信息传播的分众化，社会将从"多元化"向"碎片化"转型。在消费领域，因消费者价值观、审美需求等方面的差异而形成了一个个细分市场。

在供应端，中国拥有更全面、细化的产业门类。如今我国拥有41个工业大类、207个工业中类、666个工业小类，是全球唯

一拥有联合国产业分类中全部工业门类的国家。全面的产业门类和完备的产业结构，使我国市场分工更加细化、协作更加高效，劳动生产率得到极大提升，增强了世界级工厂和全球产能在中国的富集效应，也反哺并孵化出了如拥有世界先进的显示屏生产线的京东方、具备新能源电池生产线的宁德时代等一大批国内领先的供应商。

细分领域的知识沉淀，能够形成核心竞争力。有些企业会陷入这样一个误区，就是看到其他企业做什么业务赚钱了就很快盲从跟进，其他企业销售什么产品获利高就赶快经营这种产品。举个例子：A 企业看到开发区新建了一家电动汽车充电站，24 小时都有车排队充电，生意兴隆、利润丰厚，过了不久 A 企业就在开发区里开了第二家电动汽车充电站，于是双方打起了价格战，都出现了经营亏损。A 企业承担不起亏损只好关门停业。之后 A 企业发现奶茶店很流行就转行开了一家潮牌茶饮店，开始顾客络绎不绝，可是随着附近其他特色茶饮店和咖啡馆陆续开业，A 企业又陷入了经营低潮，开始出现亏损。A 企业是许多企业的一个缩影，盲目跟风，靠"三分钟热度"做生意，结果企业没有核心业务，没有核心竞争力，自然也就经不起市场风险。

在日本，历经百年从事一个行业的企业很多。日本经济大学的一位教授在《老铺研究》一书中说道，日本百年企业的实际数量恐怕要超过十万家。韩国银行在 2008 年发表的报告《日本企业长寿的秘密及启示》指出，全球超过200年的企业有5 586家，而日本有3 146家，占比达到约60%。这些日本老铺企业，毕其功于一业，经受住社会与行业的潮涨潮落，形成了强大的环境认知和适应能力。

日本一家有1 400多年历史的企业的总裁讲过一句话："我们企业能够生存这么久，其实没什么秘密，坚守最基本的业务，遵守最基本的常识，对企业的发展来说是非常重要的。"根据《老铺研究》的分析，长寿企业的总裁往往都是非常踏实、非常质朴、非常认真的人，即使在泡沫经济时期，他们也能够做到坚守本业，不会随意涉足与自己企业主营业务无关的领域。

永续经营的理念在日本企业根深蒂固，培育出"职人精神"，无形中塑造了各行各业企业的核心能力。日本卡西欧闻名的微型化能力，就是核心竞争力的最佳例证。卡西欧将其在微型化、微处理器设计、材料科学和超薄精密封装等方面的技术专长融为一体，并确保技术专家、工程师和市场营销人员在客户需求和技术可行性方面达成共识，从而打造出微型名片式计算器、袖珍电视机和数字手表等系列微型化产品。

二、线性市场事业理论：经验曲线效应

专业选手与业余选手成绩差异的原因，可以用商业领域的经验曲线效应解释。波士顿咨询公司（Boston Consulting Group，

BCG）在1960年提出了经验曲线效应：占有最大市场份额的企业，不仅销售产品的数量远超过竞争对手，而且积累的隐性知识经验也最多。而经验越多，企业从驱动经验曲线的各项元素中获得的收益也越大，这些元素包括规模效应、成本优化、设计改进以及源于研发的技术跃迁等。

经验曲线的提法来自《哈佛商业评论》上一篇题为《从学习曲线中获利》的文章，这篇文章的作者是化学工程教授温弗雷德·赫尔斯曼。赫尔斯曼在文章中提到，早在1925年，飞机制造商就开始意识到投入飞机生产的劳动力会随着飞机产量的增加而逐步下降，并且下降趋势是可预测的。一般情况下，生产第四架飞机只需生产第二架飞机所需劳动力的80%，而生产第八架飞机只需生产第四架飞机所需劳动力的80%。赫尔斯曼还证明学习曲线也能在其他行业，如石油化工行业、装备制造行业、钢铁冶炼行业，甚至电力行业中发挥作用。赫尔斯曼在文章中阐述这一现象时，也有其他表述方式，比如制造进步函数、成本曲线、效率曲线等，这些说法更多地表明其应用场景，而"经验曲线"的说法更能体现其哲学层面的方法论意义。

经验曲线的方法论意义表明，虽然每个企业所处行业不同、经营业务不同，但是经验曲线创造的价值同样重要，在任何一个行业中，市场份额最大的企业，其成本在同行中也最低。所以只要该企业的产出持续领跑于所有竞争对手，并以更快的速度压低经验曲线，那么它就会永远保持最低成本。该企业进而可以为产品定低价，其产品销量继续超过竞争对手，从而获得领先于所有竞争对手的成本和价格优势。

身处线性市场的企业要想成为商业奥林匹克赛道上的冠军，需要掌握经验曲线的精髓，采取专业化战略。企业一方面持续纵向深挖技术与品牌护城河；另一方面在核心赛道形成规模的基础上，不断横向拓宽产品与客户体验的相关多元化应用场景。专业化战略成功的要点是专业、规模、跃迁，具体关系见图 6-1。随着市场越来越细分，企业要认清自己的能力和潜力，聚焦自己的赛道，一步一个脚印，坚持长期价值主义，追求长远发展。企业聚焦的赛道，必须是有成长空间、有全球化机会的赛道，水大鱼大，企业才能大量生产、大量销售，做大规模，有足够大的规模才能产生规模效应和经验曲线效应，走上良性发展轨道。企业采取专业化战略成为行业专家，对专业领域的技术与市场两大方面进行深度了解与开发，打造核心竞争力，在此基础上拓展技术应用场景，跃迁到更高水平的业务赛道。

图 6-1 专业化战略示意图

三、战略定位：专注一类需求，深淘滩，低作堰

企业在某一领域深耕，要好过不断选择、不断尝试、不断放弃。不是所有的企业都必须做大，也不可能所有的企业都做大，彭剑锋教授预言：未来企业要么走生态化的道路，要么走被生态化的道路。真正能够成为产业领军者的企业是少之又少的，只有百分之几的数量，也就是说，超过 90% 的企业都要被生态化。

企业资源的有限性要求企业必须把人力、物力、财力集中在核心业务与核心能力上，选准目标市场，这样才能更大程度地获得有效增长，在激烈的市场竞争中获得有利地位。企业只有聚焦主赛道，才能保持长期的有效增长。有效增长的含义，从短期看是指实现收入、利润、现金流的增长；从中期看是指实现能力的有效提升，有效收入增长的衡量指标是新产品和新业务的收益在收入增长中的比例；从长期看是指实现商业生态环境的可持续和企业市场格局的改善。

专业化战略是大部分企业所走的道路，这条道路是很宽阔的。过去企业只处在一个小的价值链环节，或者做单一的产品或服务，规模不大。如果能专注一个领域，精准定位利基市场，走专业化道路，持续迭代跃迁，企业就会成为超级利基市场的占领者。

崇达技术 1995 年创立于深圳，从事印刷电路板（PCB）制

造,于2016年成功上市。目前,崇达技术已经成长为小批量PCB市场亚洲第一、世界第二。大市场才能孕育大企业,崇达技术抓住了全球PCB产业加速向中国转移的重要机遇,成长为专业化、精细化、特色化、创新化的企业,避免了欧美、日韩PCB企业被迫迁徙的命运,这与其正确的战略路径选择密不可分。

精准选择利基市场,为目标客户群体创造更多价值。创业初期,崇达技术定位样本市场,商业模式简单,但规模做不大。在大批量市场,能够做大规模,但竞争激烈,利润率相对较低。在小批量市场,普遍由样本订单企业或大批量订单企业兼顾生产,一方面面临与这些企业竞争,另一方面客户价值体验得不到满足,因为样本市场与大批量PCB企业不是专注于服务一类客户。崇达技术毅然决然放弃样本市场,避开大批量市场,选择"多品种、小批量"的PCB市场,在中国PCB行业集中度低的大背景下,选择其他企业不太关注或不愿意做的小批量市场,为目标客户提供差异化的产品与服务,深度经营利基市场。

深入利基市场更易塑造品牌。崇达技术精准定位小批量市场的同时,市场客户定位海外高端市场,先抢占海外市场,高举高打,先难后易,以压强原则,避开低端、同质化、无前景的市场。崇达技术尽己所能,开拓知名客户,以标杆客户驱动销售增长,形成了品牌的全球领先优势,打造出核心竞争力,从而提高品牌投资价值。

中国加入WTO后，由内需市场逐渐向海外市场发展，由消费电子客户逐步朝非消费电子客户发展，产品供应由低端逐步向高端发展。崇达技术80%以上的产品出口到欧洲、美洲、日本等地区，服务高端制造业，典型客户包括通用电气、博世、艾默生、霍尼韦尔等世界500强企业。

聚焦一类需求并非服务单一客户，一类需求的应用场景有可能是多元的。位于宁波余姚的中国单项冠军企业——舜宇光学，就是"一类需求，多种场景"的典型代表。最初，舜宇光学只生产普通光学镜头，例如照相机镜头、显微镜镜头、望远镜镜头等传统玻璃镜头。后来舜宇光学逐渐将业务扩展到生产特殊光学镜头，例如手机镜头、车载镜头、安防镜头、机器人镜头、VR/AR镜头、工业检测镜头、医疗设备镜头等新兴树脂光学镜头。

目前，舜宇光学年销售额已超460亿元，其中期目标是要成为千亿元级企业。舜宇光学始终在镜头领域深耕，把镜头技术的具体市场应用拓展到广阔的多元场景，我们称之为"专业化战略、多元化场景"。在中国，规模如此之大的光学企业并不多，众多企业只专注于自身固有市场，没有想到核心能力在跨界市场的应用，封锁了自身能力的边界。"深淘滩，低作堰"的底层逻辑就是核心能力要深厚，市场边界要开阔。开拓市场边界，扩展能力的应用场景，有利于企业核心能力的提升与资源的进一步丰富。

四、增长路径：赛道跃迁，规模开发，世界就是我的舞台

中国企业过去的发展路径主要依靠市场端需求的高速增长，以低成本占领低端市场为手段，以传统行业领域追赶先行者为起步，以模仿发达国家先进企业的技术或商业模式为助力。这种发展路径有利有弊：其利在于容易快速增长，其弊在于难以长期持续。专注一类需求也会遇到挑战，由于专业产品集中到了一个领域，供需双方博弈，倒逼供应企业乃至整条供应链降价，挤压专业化企业的利润空间。利润越来越微薄，是很多中国制造企业都面临的问题。

很多品牌商的主权意识越来越强，更加倒逼供应链企业压低成本。比如，由于主机厂产品的更新速度越来越快，汽车的价格越来越低，倒逼汽车供应链企业压缩成本。博世作为一个汽车供应链企业，2019年其营业利润率在6%左右，下降了1.4个百分点，利润越来越微薄。小米生态链企业华米科技，2016年利润为-0.38亿元，依靠自有品牌，2018年利润为4.74亿元。为什么企业一旦做大之后，就要去做自有品牌？是因为做供应链、专业化的企业，如果专注于一个环节，其利润就会越来越微薄。所以，专业化企业必须具备转型跃迁的能力，进入更有成长性、附加值更高的价值链环节。

对于专业化企业而言，从一个细分环节进入另一个细分环

节，依靠第二曲线创新达成跃迁，实现持续增长是有可能的。比如说 2004 年成立、2009 年成为创业板第一股的特锐德，是国家级高新技术企业、工业和信息化部制造业单项冠军企业。特锐德专注户外箱式电力产品的研发与制造，目前已经成为中国最大的户外箱式电力产品系统集成商、中国最大的箱变研发生产企业。其智能箱式变电站产品在中国铁路市场占有率达 60% 以上，高端高压模块化变电站占电网及新能源市场的 60% 以上。

特锐德积累了深厚的户外电力产品的核心技术和运营能力，在汽车行业从传统燃油汽车向新能源汽车变革的机遇期，毅然拓展新能源充电业务领域，跃迁到新的高速增长的风口赛道。过去 10 年，特锐德投入 10 亿元、1 000 多人的研发团队，转型进入新能源充配电领域，成立了一个新业务品牌"特来电"，目前特来电已发展成为全球领先的充电网运营商，B 轮融资后估值为 136 亿元。

特来电充电网成为电动汽车的基础支撑，是将车联网、能源网、互联网深度融合的"新工业互联网"。充电网是工业互联网最大的应用场景，是新能源和新交通双向融合的全新生态产业。特来电作为全国最大的汽车充电网运营商，充电网运营服务城市已达 348 个，已成立 133 家城市运营公司，支持 500 多万辆电动汽车充电，充电桩数量世界第一，累计投建充电桩 34 万个，市场占有率达 40%。特来电成为 2020 年中国新晋独角兽企业，同时获评"全球独角兽企业 500 强"。

京东方是跃迁战略逆袭成功的典型案例，权威机构 Omida 发布的报告显示，2022 年京东方将成为全球有机发光二极管智能手机面板第二大供应商，出货量超过 1 亿块，同时智能手机 OLED 面板全球市场份额从 2021 年的 15% 提升至 27%。

面板行业产品生命周期相对较短，一代产品从导入期、成长期到衰退期可能只有几年。韩国三星充分利用行业周期，斥资几十亿美元建设新的生产线，承受多年亏损代价，在衰退期内以低于原材料价格的竞争策略拖垮竞争对手，在行业成长期收获高利润，拿下市场话语权。

京东方在国家进口替代战略下，依凭中国的广阔市场与政府支持，走出一条技术迭代、规模制胜的道路。2003 年京东方斥资 3.8 亿美元收购韩国现代集团面板业务，实现技术与规模的一次跃迁。京东方在北京建设第一条五代线，此后在深圳、成都、合肥、鄂尔多斯与当地政府合资建设新一代生产线，2019 年京东方已有生产线 14 条。京东方曾经被誉为"A 股圈钱王"，截至 2019 年底，京东方在 A 股共计募资 742.3 亿元，整体产能达到全球产能的 40%，上演了面板行业进口替代的绝地反击。技术与规模的双重跃迁，让京东方在日本、韩国面板生产厂商的垄断下突出重围，结束了我国产业发展因"少屏"受制约的局面。

五、竞争策略：超值品牌竞争，要么第一，要么唯一

专业化战略是通过聚焦化战略和差异化战略的结合，塑造足够强的核心竞争力，创造足够大的产品质价比优势，形成专业化企业的竞争法则：形成"打造超值质价比的产品或服务—刺激消费或购买—扩大销售规模—进一步提升质价比"的良性循环。专业化战略和规模化发展有两个必要条件：成熟的产品和未被满足的市场。现代工业通过机器生产原来少数人才能使用的稀有产品，比如汽车，劳动生产率提高带来售价大幅下降，使这类产品进入寻常百姓家，催生了一个大量消费、大量销售和大量生产的时代。产品越普及，企业利润空间越大。

新冠疫情导致的全面成本上涨让许多餐饮企业叫苦不迭，为什么对麦当劳的影响较小？这还得从麦当劳的定位和战略谈起。对于麦当劳，外界经常以为它的核心用户群体是 16 岁以下的孩子。其实不然，财经作家沈帅波采访麦当劳中国 CEO 张家茵、副总裁黄鸿飞时得到一组数据，在中国内地市场，麦当劳总销量的 30% 来自外卖，主要消费群体是 30 岁以上人群，他们的用餐需求有三点：一是安全卫生，二是好吃，三是性价比高。麦当劳的核心价值就是物美价廉，能使消费者感受到"超值"。怎样才算"超值"？有人说：你可以在外面花一样的价钱，买到和麦当劳一样的鸡翅，但你买不到一样的品质和卫生。甚者，花费同样

的钱也无法买到与麦当劳一样品质的东西。

麦当劳的成功源自其贯彻了30多年的超值战略,它以超高性价比横扫全球餐饮行业。有人曾将麦当劳1990年进入中国内地市场以来的产品价格涨幅,与30多年间中国物价指数的涨幅进行对比,发现麦当劳产品的涨价幅度居然小于通货膨胀率。要想长期维持低成本,当下互联网企业的短期补贴"砸钱"战术和资本游戏行不通,还是需要从供应链入手,在每一根薯条、每一块鸡翅上实现降本增效。快餐企业的竞争实质上是其背后整个产业链的竞争,快餐企业背后有很多食品供应商、原材料供应商、物流供应商,它们构成了产业共同体。由于麦当劳有完善的供应链体系,并具有足够大的全球规模经济效应,即使局部地区发生原材料价格上涨和工资上涨等不利因素,也能较好地控制成本。

早在20世纪40年代,麦当劳在薯条供应链的布局就影响了整个西方快餐业。当时,麦当劳最大的薯条供应商辛普劳(Simplot)面临一个问题,它需要将爱达荷州的土豆供应期延长3个月,以实现全年供应。为了实现这一目标,麦当劳和辛普劳投入了将近40万美元研发可以保持新鲜口感的冷冻薯条技术和产品。

2003年,为满足对麦当劳中国市场的薯条供应,辛普劳在内蒙古锡林浩特市建立了马铃薯种植基地。那里原本并非马铃薯产地,亩产不过700千克,产值也仅为500万元。麦当劳与辛普劳引进美国先进的马铃薯品种和种植技术,指导当地农民种植。

到现在，内蒙古马铃薯种植基地的亩产量增加了近5倍，年产值也达到了2 000万元。这为农户、供应商带来了好处。麦当劳深知，只有后端底层供应链的高效，才能健康持续地保证前端市场经营的高效。在麦当劳看来，供应链就是企业的价值链、生命链。麦当劳将整个商业价值体系的共同体比喻为一个三脚凳，上游的供应商、下游的加盟商以及麦当劳员工，是支撑整个品牌屹立不倒的三个关键。

除了像麦当劳一样做到成本第一，还有一些专业化企业做到了行业隐形冠军，在某个领域做到唯一，同样能在竞争中取胜。日本有很多小型企业，员工不超过百人，却掌握着某些独门秘籍，拥有世界领先的技艺。

你也许不知道哈德洛克（Hard Lock）工业株式会社，但是你或许听说过"永不松动的螺母"，这种广泛应用于各个领域的螺母就是这家仅有45名员工的日本企业生产的，哈德洛克将一枚螺母做到了极致。哈德洛克社长若林克彦早在1961年就发明了不会回转的U螺母，使用板弹簧卡住螺丝螺纹的方法，让螺母保持牢固不会松动。但是第一代产品存在一些小问题，装配在挖掘机和打桩机上的U螺母，因为震动太大而出现了松动的现象。若林克彦又设计了第二代产品，即哈德洛克螺母。

中国高铁构建了世界最大规模的高铁技术体系和运营平台，高铁上使用的部分螺母需要从哈德洛克进口。不止中国，英国、澳大利亚、美国等科技水平领先的国家都要从哈德洛克进口小小的螺母，因为哈德洛克在螺母领域做到了唯一，可想而知，哈德洛克螺母的市场份额有多大。

哈德洛克曾在官网上详细介绍了螺母的结构和原理，虽然吸引了很多模仿者，但几乎没有成功者。究其原因，若林克彦表示，公司常年积累的独特的技术诀窍，及对不同尺寸和材质有不同的对应偏心量，是哈德洛克螺母无法被模仿的关键所在。永不松动的螺母的难点还在于需要在使用中不断地改进。从哈德洛克设立到产品被日本最大铁路公司全面使用，若林克彦用了近20年的时间，其间企业不断改进技术，使哈德洛克螺母享誉全球，拥有了不可撼动的市场地位。

六、核心能力：把事情做到极致的卓越运营

用一句话概括专业化企业的核心能力就是，把事情做到极致，这是一种工匠精神，是一种更快、更高、更强的奥林匹克精神。这种极致精神在企业中表现为卓越运营的核心能力，即提供更好品质、更快速度、更低价格的产品和服务，赢得客户的忠诚，实现企业的可持续发展。

小批量PCB市场，客户数量多、类型多，产品品类多，产品定制性强，品质要求高，交期短，这对企业生产运营是一个难题。崇达技术破解了这一难题，不断对标学习、持续改善、追求卓越，优化生产各环节并做到无缝衔接，严格控制产品质量，严

格管理交货期,成为小批量 PCB 行业卓越运营的标杆。

崇达技术 20 多年来一直专注追求"更好、更快、更便宜"的产品与服务。"更好"要求加强技术研发、产品质量控制和采购管理,提升制造品质。"更快"要求 24 小时生产和销售服务,与全球物流巨头合作,做到 12~36 小时全球配送到货,为客户缩短了交期。"更便宜"要求借助中国较低的劳动力成本和制造费用,为客户提供更便宜的产品。"三更"优势的建立,源自崇达技术的工匠精神、卓越模式、对标管理和自动化投入。

工匠精神。崇达技术董事长姜雪飞崇尚以工匠精神做产品,他认为兢兢业业地做好每一单产品的每一个工序是小批量 PCB 生产商竞争力的重要来源。他坚信"好产品会说话",专注内部经营管理水平提升,专注产品质量、交期、价格、服务,赢得客户口碑,而不是仅靠广告、公关等营销手段吸引客户。

卓越模式。崇达技术不断推广与实践卓越管理模式,在工厂管理方面被业内广泛称道。"多品种、小批量"的柔性生产方式成为崇达技术的核心竞争力。崇达技术根据小批量 PCB 订单生产的特点,重新制定了操作流程和管理流程。其目标是正常情况下每个订单的每道工序都有人负责,而且在订单冲突或者出现意外情况时不会造成推诿。2008 年下半年金融危机致使市场严重不景气的时候,崇达技术花费 100 万元请来通用电气的六西格玛专家,总经理亲自参与在公司上下推行精益生产,该举措使得 2009 年公司在销售收入下降 20% 的情况下,净利润提升了

50%。

对标管理。崇达技术坚持全方位精准对标，强化对标转化与应用。对标学习是崇达技术最成功的方法论，公司放眼全球，经常会跨行业对标，如对标北汽集团，学习其运营理念和运作模式。崇达技术通过对标管理模式，快速培养了一批批骨干人才，崇达技术一位 HR 曾自豪地说："崇达技术工厂的经理到任何其他工厂任职，都不会出问题。"他还表示，崇达技术定位世界一流制造水平，经常走出去到国外进行对标学习。技术跟谁对标、成本跟谁对标，都有比较精确的标准，细化到每一个工序。崇达技术甚至做到了职能部门的对标，例如，财务部也要开展对标，进行岗位职责、管理标准等的对标。对标学习以后，就立即开展改善行动。

自动化投入。崇达技术重视技术与设备投入，这源自董事长姜雪飞的技术情怀，他是技术出身，坚信科技改变世界。他为了实现生产自动化，节省人力，会投入高额费用更新设备，有时一年投资于设备更新的花费达几亿元。

第七章

干部实干精神驱动型组织：
从火车头到动车组

　　线性市场中，那些站在专业化、全球化赛道上的企业，面临着"三高"挑战：客户的高标准、员工的高期望、运营的高效率。外部客户的要求越来越严格，竞争对手的性价比越来越高，迫使企业持续提升交付标准。人才加入企业期望高投入、高回报、高成就感，企业必须为其提供成长平台和满意的报酬。经营好客户和员工的共同难点，就是企业必须更高效率运营，产出大于投入，形成正向循环，否则企业难以成长。

　　客户的高标准，要求企业的组织结构最简化，功能价值最大化。企业应尽量合并内部相似的职能、相近的业务，培育专业化功能，形成专业化赋能平台，前端每一个拥有经营责任的个体或业务单元都可以依托平台，共享机会、资源、知识与技能。这种功能型组织简洁专业、敏捷高效，协同成本大大降低。

员工的高期望，要求企业的组织能力强大，富有效能。规模化发展的专业化企业，必须从靠火车头拉动升级为动车组动力驱动，企业的每个功能模块都要专业化。此时，作为车厢动力来源的干部必须懂得建设体系，通过学习提高专业化能力，否则将被从外部引进的专业化干部取代。

运营的高效率，要求企业把目标管理作为组织运行的核心要点，形成正向循环。组织要营造结果导向的工作氛围，激发员工潜力，多劳多得，缔造利益共同体；要打造正态分布的竞争淘汰机制，激活组织沉淀层，让组织永保生机活力。

一、梯队能力：从执行器到指挥器，让组织富有效能

企业的核心能力本质上取决于核心干部的综合能力。彭剑锋教授说过："干部队伍这个看似最坚强的'骨骼'，往往也会成为企业最容易被攻破的'软肋'。最安全的地方往往蕴藏着最大的风险。"干部队伍必须走专业化道路，干部要么自身快速成长具备体系化能力，要么就只能被外部专业化干部取代。干部面临的最大挑战就是如何从执行器成为指挥器，主要的转变障碍体现在以下三个方面：

第一，执行器思维。很多干部都沦为老板的"秘书"，忙于老板交代的具体事务，使管理系统长期处于机械的上传下达状态。

第二，见事不见人，不能协同化运作。干部不能仅满足于完成短期目标，还要带领团队，让企业部门之间形成有机体，打造一体化组织。例如，日本丰田精益生产、家乐福"天天低价"的背后离不开企业的内外部合作。干部需要知晓不同部门的运营，所以干部的一个很重要的职能就是促进协同化运作，带领自己的部门和其他部门协同合作。有的干部在进行部门内部协同化运作时没有问题，可一旦扩大到整个组织，他的协同化运作效率就降低了。干部要提高协同化能力，指挥好不同部门的合作，加强互动。

第三，强将茶壶煮饺子。企业大量提拔业务干部，但其管理能力不足，原因是管理能力的培养周期比较长。这往往会导致如下情况：干部自己是业务出身的专业人士，但很难把知识与经验传递给他人以帮助组织成长起来。知识与经验只有被分享才能得到更广泛的应用，也才能发挥更大的效用。业务能力和管理能力的差距表现在"会"和"教"上。如果一个人做事能力很强，但他讲不明白，不会分享，更不会教导，那他可能永远只是会打仗的兵，而做不了带兵的将军。所以，企业要注重对干部管理能力的培养，干部一定要学会分享、学会表达，不能仅具备底层的业务能力。

干部的核心使命是让组织富有效能，好的干部应逐渐培养起梯队能力：一是引领业务，定策略，让组织有效率。业务模式并不是一开始就能想清楚的，而是要在实践中不断调整和优化，由干部的指导性概要设计和基层的创新性实践合力演变而成。干部要持续激发和整合团队智慧以应对环境变化，群策群力来设计未来业务、推动组织变革，并解决业务开展过程中的各种问题。唯有如此，才能使组织业务随需应变，才能在开展业务的同时赋予团队成员以不变应万变的能力，推进变革，解决问题。

举一个干部队伍建设的典型案例。美团在开展本地生活业务初期，正赶上中国互联网团购的高峰阶段，各大企业"群雄逐鹿"，上演了中国互联网历史上最惨烈的"千团大战"，战况惨烈，倒闭的企业无数。一些企业风光一时，便像流星坠落，或销声匿迹，或被并购，或苟延残喘。而美团凭借其强大的系统运营能力和干部执行力，成为这场大战的赢家。

2011年，阿里巴巴第67号员工、"中供铁军"代表人物——干嘉伟，经王兴六次邀请加入美团担任首席运营官，带出一支强大的地推"铁军"队伍。干嘉伟的加入让美团对庞大的地推团队的管理精细化和规范化，使美团迅速甩开竞争对手。美团培养出一批"铁军"干部，派往各个区域城市指挥作战，他们迅速总结业务规律，制定战略、战术。美团干部在干嘉伟的带领下，学会了田忌赛马的作战方法，集中兵力"攻打"对手薄弱城市区域，攻其不备，以歼灭战的方式逐个控制核心城市周边的战场，再调集资源攻下核心城市，逐渐把地推大战从"千团大战"打成"百团大战""十团大战"。

二是引领下属，重视人才培养。干部要把每个员工当成独立的业务单元，给他们营造创新空间和在业务中成长的机会，使员工能从工作中得到足够的创新空间、成就感和成长锻炼。所有员工都有深度参与业务决策、充分发挥才智开展业务的诉求。组织要想在未来的竞争中取胜，干部需要转型为赋能型干部，把团队建设、人员培养提到空前重要的高度，充分激发员工深层次的内在动力，并在工作中培养下属推进业务和带领团队的能力。

2015年链家与深耕华南20余年的老牌中介中联地产宣布"联姻"，共建地产O2O大平台。在与中联地产合并后，链家便大刀阔斧地改革，采取了一系列动作，如分区、取消总监办公室、培养"背包"文化等，链家的管理层脚上带"泥"、贴近能听见"炮声"的一线。链家从全国调遣百余名干部和骨干经纪人，将他们分配至深圳各区门店，促进链家文化的交流与融合，也有助于对深圳市场的交互式学习。此举是链家向新团队灌输企业文化与管理理念，以便于合并后的原中联团队迅速融入链家管理体系。

三是引领组织，抓体系化能力。真正的高手总是以不变应万变。方法技能是组织智慧的核心，有深厚的方法技能沉淀的组织，才能经得起考验。方法技能的总结需要一个去背景化的抽离过程，目的正是在下次遇到类似情境时能够快速地作出反应。

干部的体系化能力还体现在系统协同上。例如，一个干部总能联合其他部门开展一些活动，而且还主动把荣誉与其他协同部门分享，使跨部门工作取得了成功。从这个层面上来说，好的干部一定是好的企业部门"连接器"。

具备梯队能力的干部队伍是实践与训练的产物。华夏基石的干部管理体系主要体现在两个方面。首先，在能量加速层面上，制定干部任职资格标准，把干部成长的梯子搭好，让干部一阶阶地往上爬，提升自己的能力。其次，实施长期个人能力发展计划（LIDP），以及采用"721"训战结合的培养模式，助力干部进行能量加速。

二、组织形态：功能型组织，专业化基础上的组合

功能型组织是一种将组织规模极简化、组织功能最大化的组织。无论是具体业务人员还是职能人员，都需要做到足够专业化，才能符合功能型组织的要求。做到专业化的前提是对业务标准、流程做到标准化，所以也有人称功能型组织是麦当劳式的"薯条组织"。

我们在每一家麦当劳餐厅吃到的汉堡包、薯条味道都是一样的，不同的地方、不同的门店、不同的员工，为什么能保证广大消费者品尝到统一的味道呢？橘子尚且会出现南橘北枳，何况是拥有多种原材料的餐饮组合呢？这源自麦当劳标准化的管理体系、完善的梯队能力培养体系、合理的晋升考核体系、优秀的供应链管理能力等，最终保证了餐品的标准化。

麦当劳的各个岗位、工序、环节在运作时，做到专业化、模

式化，减少人为因素对日常经营的影响。麦当劳对生产流程进行智能化改造，每个员工各司其职：有负责烤肉的，有负责准备面包的，有负责放配菜和酱料的，有人负责把它们组合到一起，最后出餐。

在"薯条组织"中，麦当劳最引以为傲的是麦当劳汉堡大学，它为全球几万家麦当劳餐厅培训经理级以上员工。一位麦当劳餐厅经理的诞生，要经历一系列管理、团队建设、领导风格、个人发展、沟通等方面的专业课程，需要大量投资与训练。当麦当劳员工的职级达到餐厅经理时，就代表此员工已有足够的能力管理一家资产及营业额达到数千万元的麦当劳餐厅。

一个学历符合要求的年轻人进入麦当劳 8～14 个月后将发展成为一级助理，成为餐厅经理的左膀右臂，在餐厅中独当一面。那些干出成绩的一级助理，经过麦当劳汉堡大学的培训和考核后，就有可能成为餐厅经理。麦当劳 75% 的餐厅经理、50% 的中高层管理人员都是从时薪服务员做起的，更有超过 1/3 的时薪服务员成为了麦当劳的加盟经营者。

"薯条组织"模式成就了麦当劳在全球食品行业的霸主地位，专业化与全球化战略是其成功的基础。

崇达技术是"薯条组织"模式的坚定践行者。崇达技术借鉴麦当劳全球"一个标准"的管理模式，让工作标准化、简单化、便于复制。崇达技术持续追求卓越运营，由以运营管控为核心职能的总部集中管理，总部统一标准流程、简化操作指引，各生产单元复制执行、共享信息。

崇达技术总部承担战略统筹和运营管控的双重职能。总部承担战略、投资、营销、供应链、技术及职能管理方面的全部职责，以提高公共资源使用效率和降低管理成本为目的，按专业化原则组建职能部门。职能部门更像一个个共享中心，管理各个业务单元的专业事项，最大化提高效率。崇达技术行政部门直接管理全国五个生产基地的行政后勤事项，这同其他同行业各基地的完整子公司模式区别较大，虽然加大了总部行政部门的工作量，但提升了总体的工作效率，降低了行政管理成本。集团总部的质量、设备、人力资源等职能部门，都需要直管各生产基地一线，这种高强度的工作在实践中锻炼了员工的专业能力，帮助员工摸索出工作规律，不断实现工作标准化。

规范化是功能型组织的核心要求。崇达技术设备部在精益管理活动中，发现公司设备故障的 67% 都与 5S 现场管理法中提及的问题有关。这一发现很重要，反映出公司日常管控问题的严重性，做好日常管控，就能减少很多故障。设备部为了把精益管理真正高效地推行落地，将原来的月计划改为周计划、日计划。

设备部与生产制造部经过共同推行全员过程管控，实施规范化管理，以及建立"当日事当日毕"的机制后，双方都认为真正有效地解决了很多难题。比如，设备部以前的编制是 32 个人，调整后仅有 18 个人，人工成本下降了很多，工作效率提升了很多，而且设备的稳定性也有所提高。

自动化提高功能型组织效率。崇达技术在各厂区大面积种植了绿化植物。绿化养护虽然不是什么技术活,却非常繁杂琐碎。在 2015 年之前,公司将这些绿化养护工作交由外部管养公司负责。绿化管养公司考虑到崇达技术的工作量比较大,专门派了两个员工驻扎在崇达技术工作。行政部门在参观标杆企业时,发现标杆企业的绿化面积更大,但是只需一键按钮便能解决绿植浇水,一个员工不到半个小时便可完成工作。

行政部门取消了与绿化管养公司的合同,仅聘请一位工人每天花费半个小时来完成原来两个人才能干完的工作,其他时间和精力用于厂区内外的卫生保洁、废料清理、后勤工程维修,以及打理厂区内菜园。原来成本为一个月 12 000 元,现在降低为 6 000 元,且工作效能远超之前,这就是化繁为简提高效能的典范。

三、组织运行:目标管理,正态循环,激活组织沉淀层

干部实干精神驱动型组织在成长过程中,随着规模不断扩大,需要保持企业内部的简单关系,杜绝发展裙带关系,保持灵活高效,克服"大企业病"。为企业动车组各车厢提供动力的干部必须坚持目标导向,重事实、重数据、重逻辑、重业绩、重结果,保证企业可持续成长。企业干部带头示范、雷厉风行,培育高效执行的文化基因。干部通过目标领跑,加上愿景驱动,使各

个团队承担自己的责任目标,把任务分解到个人。

学习标杆,塑造差距,挑战更高目标。就像电场有正负极、磁场有两极,构建能量场首先需要两个极,这两个极要么是对立的,要么是跳跃的,比如未来目标和现有目标。没有挑战性目标的专业化企业是没有灵魂的,因为业务目标构不成有差异的两极,是构不成能量场的。差距会带来不满,就像我们体检时如果发现有指标不合格,就会比往常更愿意改变自己的生活习惯,开始运动、注意饮食、调整作息。没有任何不满,就很难有动力作出改变。企业也是一样,只有在未达预期或者业务发展遇到挑战的时候才会试图改变。

塑造差距除了和自己的目标比,和竞争对手比,很重要的是和标杆企业比。崇达技术内部推崇对标文化,要求各个部门放眼全球确定对标对象,可以是跨行业的对标对象。然后列出对标学习计划,批准后由公司提供经费开展学习。当工作中出现任何问题研究不出解决办法时,最优的解决办法就是向标杆企业学习,向国内外优秀专家学习。当公司提出难以实现的任务或目标时,各部门也会通过对标学习找到解决办法。通过明确技术跟谁对标、成本跟谁对标,各部门慢慢地形成一套对标体系,实现精准对标。集众家所长的崇达技术,在技术标准、运营效率方面都成了行业标杆。反过来,崇达技术也成为其他行业友商的学习标杆,崇达技术的骨干员工在行业也享有良好的声誉。

流水不腐,户枢不蠹。有效的人才流动能激活企业沉淀层。

再优秀的团队按照一定比例都可以找出业绩排在末位的人，但排在末位并不代表就是能力最差的。如果一定要定义能力最差的，最好不要采用比例法，且最好事先设置高压线。推行强制正态分布时，分数只是参考，90分可能评为优秀，也可能评为末位。实行强制正态分布可以产生鲶鱼效应，会对团队形成冲击，虽然有可能影响内部和谐，但是强制正态分布可以作为评价的基础。小的部门考核时可以拉长时间，累计评价处在末尾的员工，也可以并入大组织统一考核。大的部门可以采用比较粗糙的全体考核分数大排队的方法，也可以采用先排科室再排个人的考核方法。企业以绩效考核和人才盘点的结果，作为晋升、轮岗、退出的依据，形成人才培养的正向循环。

四、管理机制：打造利益共同体，经营有结果的人

专业化企业需要以KPI牵引员工，使其在工作场合遵循企业价值观工作，打造利益共同体。利益共同体能让多方在理性评估的基础上以不同方式结成类似利益联盟的行动体，互利共存是这个行动体中利益不同的多方联合在一起的动力所在。利益关联的任何一方为了谋求己方的利益，都不得不在一定程度上保护和顾及其他方的利益，不得不维护彼此之间的利益关系。

很多企业重视KPI考核，用KPI牵引团队绩效或个人贡献。然而这可能会带来负面结果，个人为了达成KPI，考虑的都

是"我",他人与"我"无关,长期发展与"我"无关。这种以"我"为主不利于团队协同,即使个人出于善意想互相帮助,也可能因帮助他人对自我目标达成无益,反而会耽误个人工作而放弃。长期发展往往很难用KPI衡量,导致个人、团队为了短期利益不注重长期发展。对于主要赚取计件工资的体力劳动个体,KPI考核方式能很好地量化价值并进行分配;但对于依靠团队合作的企业,KPI考核看似是精细化管理,实际上与人性和管理规律相悖。专业化企业在赛道上进行的是接力赛,既要依靠个人发挥也要依靠团队配合,这就需要建立KPI结合价值观的考核机制。

阿里巴巴采用KPI结合价值观考核的制度,二者各占50%比例。阿里巴巴在招聘时只吸收那些认同公司价值观的人。阿里巴巴以前有一个销售人员,一年可以为公司创造2 000多万元的业绩,但是因为他在走访客户的记录上录入假信息,违反了公司的诚信价值观,即使客户为他解释和求情,他依旧被开除了。

价值观管理听起来好像有些空洞,但价值观告诉员工公司的底线是什么,员工做事的规则是什么。价值观的作用是规范员工的工作过程,确保不偏离方向,但是允许员工有一定的灵活性,这是阿里巴巴绩效考核工作中最大的特点。价值观确定的前提是达成共识,达成共识后就得遵守,想要遵守就要有约束,这就是阿里巴巴整体绩效考核的导向。阿里巴巴的管理坚持"借假修真,虚事做实"的原则,把结果和过程都管起来,既要结果,也要过程，才能保证产生好的、可持续的结果。

专业化企业内部有很强的竞争氛围，每个人都用业绩说话，也相应地匹配权力。做到权责匹配难度不小。一般性问题容易做到权责匹配，比如销售产品是销售经理的责任，折扣权有助于其让客户满意并达成销售目标。但复杂问题的权责匹配难度就大多了，比如客户提出产品个性化改造以满足需求，这就不在销售经理的权力范围内了。

任正非有句名言：让前线听得见炮火的人决策。这强调了一手信息在决策权中的重要性。那么为什么实际工作中最靠近客户的销售人员并没有很大的决策权呢？因为"屁股决定脑袋"这条规律导致销售人员往往缺乏全局观，企业的关键决策既要考虑到客户诉求，又要考虑到企业整体目标的协调。让客户满意是销售人员的直接责任，但产品个性化改造以令客户满意这项关键性决策往往涉及多人，销售人员提供需求信息甚至发起流程，设计、生产、供应链等部门都有相应的责任与决策权，最终拍板的决策权反而在掌控全局但并不完全掌握信息的上级手中。

至于利益激励如何对等匹配权责，计件工资制的基层岗位很容易匹配权责，越往上层越难，很容易激励过度或是激励不到位。对于企业核心人物，更是无法仅仅依据责权利对等来设计薪酬，资本市场用成功后的暴利与失败后的一无所有来激励与约束他们。利益激励的总体原则是按照劳动贡献分配、按照价值贡献分配，根据经营者和劳动者的职责、贡献，以及承担的风险等诸多因素划分档次，拉开一定的差距，将分配方案和分配结果公开化，确保分配的透明度。

一个四川年轻人在北京开了一家火锅店，生意还不错，半年之后开了第二家店。不久后火锅店经营出现问题，半年之后，老板想把店关掉，关店之前给所有员工开了一个会，说店里入不敷出，实在没办法才想关店，但是最后还想再搏一把，两个月之内谁能想出提升营业额的方法，就按照提升部分的10%给予奖励。如果两个月之后还没有办法，就只能关店。

一个做服务员的小姑娘提出："我们店里中午吃饭的人比较多，可是由于店面太小，来吃饭的人看到坐满了就离开了，如果能把这些人留下来，是不是就能提升营业额呢？"于是，这个小姑娘中午就在店门口摆放了几张桌子、几把凳子，桌子上面摆放了免费的小吃、饮料，还有扑克牌。店里客人坐满后，再来的客人可以在等位时喝饮料、玩牌。采用这个方法一个月后，营业额提升了七八万元，这个小姑娘也拿到了相应的奖励。从此以后，店中的所有员工都绞尽脑汁去想能给门店创造效益的举措。这个火锅店就是"海底捞"。

第四部分

全面市场进化

第八章

方案化战略：从卖产品到解决问题

　　线性市场中的专业化企业做到一定规模后，大多数都有多元化发展的冲动。它们有的背离核心能力，朝无关的多方向狂飙，直至分崩解体；有的抵挡住机会诱惑，归向核心，在专业化道路上追求永续发展；有的围绕长板能力向供需两端延伸，谋求供需一体化发展，进入全面市场竞争。

　　全面市场是需求结构呈现多元化、综合化，需求趋向稳定化的市场形态。消费者越来越希望能解决某方面问题，企业越来越愿意把非核心业务外包给供应商，供需双方联系更加密切，进入供需全面对接、全面发展的新阶段。

　　客户的多元化需求，倒逼企业以核心竞争能力为基础进行能力的延伸，不断补齐企业的能力短板或者寻找外部能力互补伙伴，从单一竞争优势发育出系统管理能力。很多企业在进化之路上，就是因为难以跨过系统管理能力的沼泽，才难以在全面市场生存。

从技术到产品，从产品到服务，从服务到体验，这是一个不断提高客户价值的过程。人类经济形式从产品经济迈进商品经济，再进入服务经济，直至进化到体验经济，就是不断满足人类日益提高的物质和文化需求的过程。

企业在进化过程中，创造价值的方式也在不断改进，在横向价值链上，打造不同的产品与服务，满足不同客户的业务场景需求。在纵向价值链上，向上下游延伸，以期形成系统解决方案。方案化战略就是一个从卖产品到提供解决方案，逐步承担更大使命的过程。

一、全面市场：满足系统需求的集团军战场

全面市场是线性市场的全面扩展，是用更加开阔的视野看待市场，展现一种新的战略观。这种由外及内的战略观，扩展了企业的业务思路，不是必须走专业化道路，也可以扩展出更加全面的市场。

戈伊苏埃塔（Goizueta）在成为可口可乐的董事长之后，在一次战略研讨会上做了5分钟的演讲，这段演讲被认为是可口可乐历史上最经典的一次演讲。戈伊苏埃塔谈道："可口可乐内部存在两大阵营：一个阵营是悲观派，他们认为可口可乐虽然全球

市场份额世界第一，但是近几年增长速度在下降，已经达到了增长的天花板，证券市场已经开始唱衰可口可乐了。另一个阵营是乐天派，他们认为可口可乐市场份额达到35.9%，远远超过了百事可乐。今天我要告诉各位的是，这个市场份额的数据，是完全错误的。"

在座的高管们心存疑虑，可口可乐每年花费不菲请尼尔森（Nielsen）做市场占有率数据的采集和分析，每年的统计数据都是经过验证的，怎么会完全错误呢？这时候，戈伊苏埃塔接着说道："据我观察，每个人平均每天要消耗64盎司的水，在这64盎司的水里面，可口可乐只占了2盎司。虽然我们的市场份额是35.9%，但是我们占据消费者肚子的份额只有3.12%而已。不要再认为我们的竞争空间在沃尔玛的货架上、在路边的杂货店里，我们的竞争空间在消费者的肚子里，我们要用肚子份额思维代替传统的市场份额思维。"

正如现代营销学奠基人西奥多·莱维特（Theodore Levitt）所说："客户不需要1/4英寸的螺丝钉和钻头，而是需要1/4英寸的孔。"戈伊苏埃塔重新定义了可口可乐的"肚子份额"战略，使可口可乐的市场扩展出无限想象空间，可口可乐于是踏上了快速增长之路，从销售单一的可口可乐扩展到纯净水、咖啡、果汁、茶饮料、运动饮料、气泡酒等500多种饮品。

ToC市场客户需求越来越综合，消费者期望解决某方面问题。由于受到年龄、性别、个性、职业、受教育程度以及文化和地域等因素的影响，消费行为千差万别。随着社会进步和经济发展，消费者可支配收入增多，除满足基本生活需求之外，用于享受和发展需求的支出增多，个性得到释放，消费结构呈现多元化，需求差异化日益明显。供给侧改革面临更高要求，需要进一步完善产业链，升级产业配套服务的能力。中国制造的"微笑曲线"反映了我国产业发展目前的状况，微笑曲线的低点是价值链底端的来料和加工组装，微笑曲线的两端则是价值链高端的生产性服务业，包括研发、设计、营销等。因此，发展制造服务业能够提高微笑曲线的低点，助推我国产业转型升级和经济发展方式的实质性转变，不仅能生产出有形产品，还能在研发、品牌等环节创造更高的价值，满足消费市场日益多元化的需求。

许多企业愿意把部分业务外包给其他企业，自己只专注在真正擅长的业务上。通过外包剥离非核心业务，成为很多企业打造核心竞争力的途径。创造财富的方式从简单分工走向产业协同。虽然企业自身掌握的业务不多，但是企业掌控创利的核心部分，这就足以让其获得非常可观的效益。有一个很典型的例子可以说明这个问题，据调查，美国有 68% 的信用卡业务都是通过非商业银行机构来进行的，银行的核心竞争力是金融服务，没必要雇用大批的网络高手，网络维护可以外包给专业网络公司去做。

ToB 市场逐渐向提供解决方案转变。例如，华为需要供应商的电池，它不会只买电池零部件，然后自己去组装，而是会把整个手机电源系统全面外包。那么，供应商就会在技术层面上越来越深入华为的价值链,甚至在电池技术层面超越华为的电池技术部门,这样,华为就会把手机电池的局部解决方案外包给供应商。OPPO手机提出"充电5分钟,通话2小时",这个快充技术并不是OPPO自己研发的,而是供应商研发的,供应商把这个技术以局部解决方案的形式卖给了OPPO,OPPO才有了整体解决方案。供应商业务形态从过去的"卖产品"转型为"卖服务",这既是一场盈利模式从"短线"到"长线"的变革,也是客户关系从"甲方乙方"到"战略伙伴"的变革。

二、全面市场事业理论:核心能力延伸

多元化作为企业经营战略的选择之一,曾在20世纪五六十年代被西方发达国家企业广泛采用。但20世纪80年代末至整个90年代,多元化战略给全球诸多跨国公司带来了苦果,有的企业陷入困境,有的企业走向破产。

作为成功应用多元化战略典型的通用电气,也没有避开多元化发展的陷阱。通用电气在传奇人物杰克·韦尔奇(Jack Welch)的带领下,在20年间业务涵盖了飞机发动机、医疗健康、航天技术、金融证券、电视广播、信息服务等领域,市值提升了30多倍,从130亿美元上升至4 800亿美元。

韦尔奇在任内进行了大量业务收购和出售,他出售了350多项业务,收购了900多项业务,总共花费约1 500亿美元。他的

继任者也进行了约 380 起收购，出售了约 370 项资产，却没能让通用电气摆脱衰落的命运。几经波折，通用电气收缩业务范围，回归到能源、制造等传统业务，而韦尔奇青睐的金融业务则被变卖，公司市值不断走低。

最终，通用电气在被纳入道琼斯工业平均指数约 110 年后被剔除，过去的"经营之神"韦尔奇在美国沦为企业界批评的对象。多元化战略分散了决策者的精力，侵蚀了企业的核心能力。企业如果整合不力，多元化战略将带来各种风险，最终导致企业破产倒闭。

企业的经营战线拉得越长，力量就越分散，控制力就越弱。企业开展多元化经营，正确思路是在突出核心能力的基础上，重点发展几个具有一定规模和一定竞争力的项目，形成对核心业务的强大支持，使核心业务与多元化经营协调发展。

核心能力是企业内部积累的隐性知识，特别是协调不同技能和技术的知识，这里的技能和技术不仅指科学技术，还包括管理、组织及营销等方面的技能和技术。核心能力不是单一的技能和技术，而是多种技能和技术以一定方式组合在一起的集合。核心能力不仅是企业在本行业、本领域发展的倚仗，还是开辟新领域、开发新产品的重要手段。

以核心能力为基础的多元化战略，由于具有天然的差异化机制，因而可以长期保持企业的竞争优势。

这种差异化机制的形成依赖于核心能力的以下特征：

因果复杂性。有些企业可以比竞争对手创造更多的价值，而其中原因外界很难探明。因果复杂性通常源于核心能力涉及大量隐性知识，这些隐性知识只可意会难以言传，很难用程序、制度解释清楚，从而可以有效地防止被模仿。例如，自动驾驶是特斯拉的核心能力之一，它除了包括技术、设计和生产上的隐性知识，还包括对车人互动、车路互动、车网互动模式等方面的大数据分析，其他厂商很难对此一一进行识别和模仿。

路径依赖性。企业独一无二的能力和资源产生于企业发展的特殊历史环境，反映了企业内的独特经验和互动关系。核心能力依赖于独特的历史积淀，使得竞争者很难模仿。特斯拉的创新技术和底层工程能力有赖于其长期实践"第一性原理"。特斯拉运用工程师思维在提升产品性能的同时降低成本，这套方法论已经被证明正在改变现有制造业。这种改变是美国制造业发展积累的必然趋势，从技术角度开始重构美国制造业。

文化独特性。核心能力的形成涉及企业文化特性，所以很难被模仿。企业文化独特性体现在公司内部的企业文化氛围、人际关系、员工行为规范等。例如，特斯拉鼓励团队工作采用"第一性原理"的思考方式，具有企业文化独特性。特斯拉运用这种文化改造了航天工业、能源工业、汽车工业，使其市值激增，而竞争对手难以做到这一点。

正是由于核心能力难以被模仿和替代，因此相对于以一般资产共享和技能转移为特征的协同效应，核心能力可以使企业获得更持久的竞争优势。

在全面市场中，传统的相关多元化战略在衡量业务相关性方面，更多是从市场的角度去考虑，容易被竞争对手模仿或替代，因而难以为企业带来持续的竞争优势。以核心能力为基础的相关多元化战略可以使企业获得持续的竞争优势。

这种核心能力延伸的相关多元化被笔者称为方案化战略，方案化战略好比是一棵大树，树干是企业的核心业务，树枝是业务单元，树叶、花和果实是最终产品。提供营养并起支撑作用的便是企业的核心能力，在以核心能力为基础的多元化经营模式下，企业资源配置的重点从与具体行业和市场有关的最终产品，转移到了对竞争优势起决定作用的核心能力和核心产品上。

方案化战略成功的要点在于有强大的用户黏性、核心能力延伸和商业模式复制。首先，实施方案化战略的企业必须建立领先的核心能力，能解决客户问题，让客户离不开你，培育用户黏性。特斯拉开发出电动汽车 Roadster，之后人类快速进入电动汽车时代，2023 年特斯拉电动车保有量已经超过 400 万辆。特斯拉以其领先的电动汽车技术而闻名，拥有先进的电池技术、自动驾驶功能和充电基础设施。这些核心能力使得特斯拉成为引领行业发展的先锋，吸引了许多消费者的关注，具有极高的用户黏性。

其次，核心能力在价值链环节延伸。核心能力的一个重要特征是它不同于有形资产，不会因使用而老化，相反，在不断发展和应用的过程中，它还可以得到强化和更新，进而带动其他环节的发展和提升。特斯拉多年来投入巨资发展新能源电池管理系统(battery management system，BMS)，并在全球范围内获得了领先地位。获取这种核心能力之后，特斯拉将其在家庭能源、分布式储能电厂及新能源汽车等价值链环节延伸，都产生了明显的竞争优势。

最后，就是商业模式复制能力。企业的核心能力与新的用途结合，可以形成企业发展的良性循环格局。这突出表现在：核心能力是进入新业务领域的向导，它的一个重要特征是具有延伸性，能为企业进入多种产品市场提供支持，对企业一系列产品或服务的竞争力都有促进作用。马斯克在推进互联网卫星项目"星链计划"过程中，复制 SpaceX 公司的低成本运营模式，通过发射大量小型卫星降低成本；利用特斯拉的电池技术提供可靠的能源供应；复制特斯拉的营销模式，以逐步推出服务的方式建立用户基础等。星链计划很有可能成为马斯克新崛起的一个商业版图。

方案化战略示意图见图 8-1。

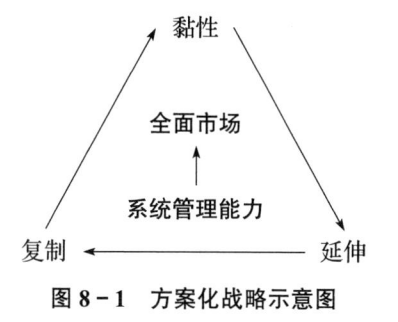

图 8-1 方案化战略示意图

三、战略定位：培养客户黏性，全面解决客户问题

市场竞争到一定程度后，客户的关注焦点从价格慢慢转向品质、服务、品牌等综合价值。以旅游业为例，旅游形态正在发生改变，消费者开始重视体验服务。千篇一律的标准化、简单化的机票、酒店服务已经不能满足需求，需要把系列旅游产品系统高效地组合在一起。消费需求出现多层次趋势，消费者表现出多样性特征，开始分层分类。消费者越来越看重精神消费，消费形态越来越转向体验与文化消费，消费者不仅仅想要欣赏风景，更希望获得全方位的特色生活消费体验。传统旅游业的"卖货思维"限制了企业的创新发展。旅游企业的价值不仅仅是提供标准化的产品与服务，还需要提供更具人文精神与体验价值的旅游产品与服务，为满足消费者的休闲体验需求而持续创新，让旅游充满乐趣，让人们享受生活。旅游企业需要培育充满人文精神的企业文化，通过创新旅游产品孕育新的旅游文化，引领消费者体验新的生活方式。

途牛把自己定位为"旅游入口"平台，期望每一位消费者产生旅游需求时首先想到途牛，以途牛为窗口前往世界各地，将其视为"旅游想法"与"旅游实现"的最畅通入口。途牛按照产业链纵深化、品类多元化、渠道多元化的经营战略，用互联网技术改造传统旅游业务，从传统互联网旅游零售商转型为综合旅游服

务商。

途牛在内部把自己定位为"三好生",即好产品、好系统、好服务。在好产品方面,对于高频次低客单价的标准化产品,如机票、火车票、门票等,以性价比取胜,获取流量入口。对于低频次高客单价的非标产品,如跟团游等产品,以质取胜,使其成为竞争力的源泉。途牛通过布局全国目的地服务网络,设立目的地服务中心,更加贴近资源,有助于打破供应商的资源局限,依靠自身力量拿到更好的资源,反补到产品中,从而提高产品的竞争力,为客户提供更多选择、更多实惠,大大提升客户体验。途牛打造出"牛人专线"产品,一是线路设计差异化,如果列明没有自费项目就绝不出尔反尔,如果有自费项目就给出价格列表,信息透明;二是质量监控严格,对供应商提出严苛的要求,并且严格筛选供应商的旅游产品;三是客户服务与回访,通过结算、用户点评体系、投诉反馈等方法提升供应商服务质量。"牛人专线"产品的客户满意度不断提升,在国内旅游业逐步恢复的过程中,途牛的目的地服务网络将创造更大价值。

在好系统方面,途牛致力于旅游信息结构化,将非标信息标准化。整合碎片化旅游资源,提供有价值的旅游方案。利用大数据分析提供推荐功能,实现旅游资源与消费需求的匹配。途牛逐步扩大产品经营范围,通过品类多元化,覆盖低、中、高端各个群体;巩固跟团游、自助游、邮轮、团队游品类优势,探索会展服务、定制游品类,完善企业客户价值模型;拓展交通票、酒店、门票、电影票、当地玩乐、通信、导游、婚庆等服务新品类，提升客户体验。途牛在系统研发上的投入形成了良好的系统资产，实现了动态打包的核心能力，未来途牛还将持续研发动态打包，提供更完善、优质的定制服务。

在好服务方面，途牛强化旅游过程服务。为了进一步提升客户体验度，解决客户反映的在海外出游过程中"不够尽兴"的痛点，途牛开设的海外目的地服务中心，一律使用中文提供服务。出游过程中专属客服24小时在线，如出现顾客反映问题、寻求帮助，一律先协调处理、后内部究责。途牛关注旅游服务人员素质，经常向客服人员灌输旅游顾问是客户的"筑梦导师"的思想。途牛为了使客户获得更好的体验，向当地旅游局获取导游人员的信息，根据客户旅游后的评价，推出金牌导游评价，并在"牛人专线"中高价聘请金牌导游。

在ToB市场中，客户要求供应方具有系统能力，因为大规模供应一旦出现微小质量问题都会造成巨大的损失。采购方需要对各个价值链环节进行能力认证，保障供应品质稳定性，这对全面市场中的企业提出了全方位的高要求。歌尔声学和大部分中国制造企业一样，处于微笑曲线的低点，在整个产业链上收益最低。企业要想追求更大的发展、获得超额利润，要么走品牌运作的道路，要么走创新研发的道路。当时歌尔声学内部有一种观点认为，企业要实现做大做强的发展愿景，必须在自主知识产权的基础上发展自己的通路，要投资2亿元走自主品牌的道路。但是，这与当时企业实力和产业发展阶段并不符合。

众所周知，依赖于大客户的中国制造企业大多以"三来一补"发轫，这种模式是最原始的加工制造模式，仅仅提供加工服务，连材料都由客户提供，企业的核心能力是制造和物流服务。还有一种就是原始设备生产商（original equipment manufacturer，OEM）模式，把OEM模式做到极致的是富士康。但实际上，企业并不是只有OEM模式和自主品牌两种道路选择，还有一种选择，即从OEM模式进阶到原始设计制造商（original design manufacturer，ODM）、联合设计制造商（joint design manufacturer，JDM）模式。上述模式在价值链环节上不仅可以应用于生产，还可以应用于设计、物流和同步研发，围绕服务大客户成为一个全方位制造价值提供商。华夏基石对全球企业的研究发现，国际上有很多企业都走过了这个历程，并不断延伸产业链环节，逐渐发展为品牌商。

因此，华夏基石认为：OEM企业不一定都要做自主品牌才能得到发展，不一定都要自己完全开发新的产品和渠道，也可以做成一个自主制造品牌。所以，华夏基石和歌尔声学一起打破常规，在微笑曲线的基础上提出了W曲线理论，即同步研发与精密制造叠加，创造出全面解决方案式JDM模式。

郭台铭曾把ODM模式下企业所需的能力概括为"全方位成本压缩能力"。对于企业来说，OEM升级需要以下六种核心能力：第一，与大客户共同研发能力；第二，模具开发能力；第三,产品检测能力;第四,弹性制造能力;第五,品质控制能力;第六,全球资源配置能力。只要企业可以打造出以上六种核心能力,就可以绑定大客户,实现共同成长。

根据六种核心能力及 W 曲线理论,华夏基石顾问给歌尔声学提出了 JDM 模式成功的八个要素:第一,与大客户共同研发的能力,不再被动接单,通过学习苹果、三星等企业,使自己的研发人员具备和对方对话的能力;第二,"模具+自动化工程"的能力,做到能自建自动化生产作业线;第三,系统产品检测能力;第四,弹性制造与垂直制造整合能力;第五,稳定的产业技能型员工队伍;第六,恒定的质量保证体系;第七,全球资源整合能力;第八,基于客户需求的交货保障能力。

确定了 JDM 模式及成功要素之后,歌尔声学就依据战略目标对企业资源进行了优化配置。比如,为了能够与苹果、三星等企业进行对话,歌尔声学聘请了一些顶尖的研发人员。为了打造制造竞争力,并改变自动化生产线依赖进口的状况,歌尔声学组建了近 2 000 人的自动化工程队伍,这支队伍能做到自主设计和打造自动化生产线。只要苹果、三星等企业提出相应需求,歌尔声学就能在很短的时间内打造出相应的生产线,并使用自己的产品检测系统对产品进行严格的检测。"大厦之成,非一木之材也"。在人才配置方面,歌尔声学秉持"人才优先"原则,进行与 JDM 模式相匹配的核心人才建设。这些人才包括与大客户同步的高端研发人才、开模技术与自动化工程技术人才、产品检测人才、生产作业管理人才、熟练工人、全面质管人才、国际化客户经理及产品经理等。

在战略目标的指引下，经过企业资源的优化配置，歌尔声学完成了从 OEM 到声光电一体化精密制造商的跨越，依靠自己的研发体系，形成了声光电一体化的制造解决方案，产业领域大幅拓展。有了全面解决方案，歌尔声学如虎添翼，在不到十年的时间里，完成了 OEM—ODM—JDM 模式的蜕变，其业绩实现了从亿元到百亿元的跨越式增长。

四、增长路径：延伸客户价值，纵向沿产品价值链，横向沿客户价值链

方案化战略的本质是围绕核心能力延伸客户价值，可以沿着产品价值链和客户价值链纵横两个方向延伸。产品价值链延伸就是围绕产品价值实现的全过程，对每个环节，即技术—采购—制造—物流—渠道—品牌进行分析。寻找哪些是产业薄弱环节需要创新，哪些是对企业提升核心竞争力有帮助的，之后就可以适当将业务延伸到这些环节。

广东省能源集团有限公司（简称"广东能源"）就是一个沿纵向产品价值链延伸客户价值的典型案例，广东能源是广东省政府在全国率先实行"厂网分家"电力体制改革之时，承继原省电力集团发电业务，以发电为核心，资本运营为主的南方区域发电

集团。当时,在行业内部还有一个形象的比喻,形容发电企业是"养猪的",电网企业是"卖猪的",养猪的要听从卖猪的调遣,处于比较被动的地位。随着国家对广东能源的定位从专业发电企业提升到区域能源安全企业,广东能源便开始了产业链一体化的发展之路。

广东能源以"做强做大"为目标,围绕电力主业经营和发展,拓展企业发展空间和利润增长点,为"打造国内一流并具有国际竞争力的能源集团"目标服务,促进企业跨越式发展。

第一,拓展上游原材料环节。利用区位优势,按照立足"国际国内两个市场、两种资源"的"走出去"发展战略,2006年在山西太原组建山西粤电能源有限公司,作为广东能源在"三西"地区(山西、陕西、内蒙古西部,是我国煤炭资源最丰富的地区)的窗口和煤炭项目的投资平台,参股山西霍尔辛赫煤业、内蒙古伊泰京粤酸刺沟矿业等。按照广东省在印度尼西亚建设能源供应基地的战略构想,2008年3月,广东能源通过超康投资有限公司参股澳大利亚纳拉布莱煤矿项目7.5%股份,迈出了实施"走出去"能源战略的第一步。

第二,拓展航运事业。广东能源下属的广东粤电航运有限公司有6艘巴拿马型二手船投入运营,总运力42.71万载重吨,是广东省目前最大的省属散货船队。包括其他控股和合作航运公司在运的9艘船舶在内,广东能源现在可控运力92.45万载重吨,年海运能力约1 720万吨。

第三，参股核电设备等制造业。广东能源积极参与核电核岛设备制造加工，与东方电气等合作方共同投资成立了东方电气（广州）重型机器有限公司，广东能源为第二大股东，该公司将成为我国重要的核电设备制造和发电设备总装基地，对于带动广东省重型装备制造业发展、加快产业升级换代具有重要意义。

第四，建设煤炭配送中转物流项目。广东能源积极加大发电产业上游煤炭储运、配送项目投资，保证了粤电电煤稳定、经济高效的组织供应。广东能源相继投资了阳江港港口项目、广东粤电博贺煤炭配送基地项目、曹妃甸港口项目等，很大程度上提高了电煤的安全储运能力。

为提升提供电力解决方案的能力，打通纵向产业链环节，广东能源的产品价值链进一步向市场端延伸。广东粤电电力销售有限公司（简称"粤电售电"）作为广东能源这个综合能源业务板块的平台公司，负责广东能源购售电业务、电力交易和综合能源服务业务开拓和管理。

2020年起，粤电售电开始大力拓展园区智慧能源和垂直领域的综合能源服务，推进企业从传统电能贸易商向综合能源服务商转变。2021年4月，粤电售电与广东省中山市三角镇人民政府签订投资合作框架协议，合作开发智慧综合能源服务项目，对三角镇园区能源项目整体规划、设计建设、优化资源配置、调整产业结构等提供能源方面的决策支撑。对园区企业运营管理提供数字化智能监管平台，更好地保障园区的能源安全与高效运行。

粤电售电与园区内企业合作，深度挖掘企业的节能空间，为园区企业降本增效、转型升级提供集规划设计、工程投资建设、运营服务于一体的全方位能源管家式服务。

广东能源已形成以能源为核心、上下游产业链协同发展的产业格局。截至2021年底，公司资产总额超1 900亿元，员工近1.43万人，可控装机容量超4 000万千瓦，可控航运运力近220万载重吨。全年实现营业收入约660亿元，上网电量超1 400亿千瓦时，售电交易电量和用户规模居全省第一，年采购天然气量超28亿立方米、煤炭供应量超5 000万吨，成为广东省能源主力军。

横向客户价值链延伸就是围绕核心技术与核心产品，延伸到不同客户群体的业务场景。京东方从专业化面板制造商向物联网解决方案服务商转型，就是采用沿横向客户价值链延伸的战略。京东方董事长陈炎顺曾说："显示技术和传感技术是京东方过去20多年来积累的核心技术基础，现在所做的物联网战略转型就是显示技术、传感技术所形成的平台系统在细分市场和应用场景的使用。"

京东方提出"芯屏气/器和"的物联网定义，就是将芯、屏、软件和内容、功能硬件等要素和谐组合，形成人与人、人与物、物与物相连的价值创造系统。基于此战略设想，构建以半导体显示为核心，物联网创新、传感器及解决方案、MLED、智慧医工融合发展的"1+4+N+生态链"业务架构。

物联网战略拓展了京东方的增长空间，集合创新研发优势、规模成本优势、产业链健全优势，京东方未来将有更大的市场空间、附加值和收益空间。以智慧交通应用场景为例，做好一个项目需要大量的显示、传感、通信、计算等技术领域的智慧产品，而这些软硬件能力京东方大部分都具备。

在智慧零售领域，价格标签管理、环境广告发布、库存管理都需要"智慧"的物联网解决方案。以广州的一家屈臣氏门店为例，京东方提供由智能变价模块、信息发布模块、货架管理模块组成的智慧零售物联网解决方案，解决了门店货品管理成本较高、货品宣传需求量大而广告灯箱展示信息有限、纸质价签更换成本居高不下的痛点。应用该解决方案后，该门店广告收益提升近20倍。广州其余屈臣氏门店随后全面导入了京东方智慧零售物联网解决方案。

五、竞争策略：最优组合，最大化整体效率

方案化战略的难点是上下游业务的联动和多业务单元的协同，虽然同属一个企业，但是不同业务单元具有不同的业务属性、不同的利益诉求，对企业的系统管理能力提出了挑战。成功的企业何其相似，失败的企业各不相同。那些优秀的能驾驭相关多元化业务的企业有共同的特点：能让不同的业务发挥协同效应，内部有共同的目标追求，有端到端的敏捷流程，有团结一致

的企业文化，有共创共享的机制。

欣旺达电子股份有限公司（简称"欣旺达"）的高管讲了一个螃蟹与老鹰的故事：一群螃蟹在海滩行进，这时，一只凶恶的老鹰在海滩上空盘旋，意图俯冲袭来捕捉螃蟹。其中一只螃蟹察觉危险即将降临，迅速向螃蟹群发出信号。瞬时，螃蟹群就像有人指挥一样，迅速聚拢，用强有力的蟹钳一致朝向俯冲而来的老鹰，来不及转向的老鹰被激发出斗志的螃蟹用钳子把羽毛拔了个精光。

这个故事其实体现了欣旺达的事业发展逻辑，解释了为什么欣旺达历经 20 多年能成为全球锂离子电池领域的领军企业。欣旺达以锂电池电芯及模组研发、设计、生产及销售为主营业务，形成了 3C 消费类电池、智能硬件、电动汽车电池、能源科技、智能制造与工业互联网、第三方检测服务六大产业群，成为新能源一体化解决方案服务商。

方案化战略让企业整个产业链条的效率实现最大化。全面市场中客户的需求不再是单一的要素，企业要在竞争中胜出就必须具备系统管理能力。比如华为要求供应商提供的新电池能量够大、体积够小、有足够长的续航时间，这时供应商就要思考能否给华为提供一揽子解决方案，如果不能怎么办。

欣旺达具备智能制造与工业互联网、电芯制造、PACK 研发、电池测试等核心供应链环节，并且这些环节都发展成为独立的子公司，它们对内成为综合解决方案的一环，对外作为专业化厂商承揽其他厂家订单。子公司的专业化能力，逐步成为欣旺达新能源产业方案化战略的竞争长板，在内部配套方面实现了控制和协调的经济性、信息传递的经济性、交易成本的经济性，企业整体效率大大提升，形成优于竞争对手的整体产业效率。

业务组合能平衡企业长短期发展的节奏。产业链条上的各个业务板块形成了最优组合，就像是一个球队，队员各有定位，有的负责守门，保住底线；有的负责进攻，创造机会；有的负责支持，可攻可守。欣旺达的3C消费类电池业务是现金流和业绩的保障者、贡献者，守好家业，精耕细作，维持市场地位，在保质基础上寻求升级换代。电动汽车电池业务是欣旺达未来成为千亿级企业重要的业绩贡献者，是公司最有潜力、最具发展空间的战略性业务，是未来品牌形象的强化者、拓展者。第三方检测服务、智能制造与工业互联网业务则可以大胆地巩固长板优势，联合其他社会资源，参与行业生态圈建设。

合理的业务组合能保障供应链的平稳运行。方案化战略能够确保企业在产品供应紧缺时得到充足的供应，在总需求很低时能有一个畅通的产品输出渠道，即减少上下游企业随意中止交易的不确定性。欣旺达建立动力电芯研究院，并且收购锂威开始生产电芯，向产业链前端延伸。完整的产业链条、高效的体系化供应能力，吸引了苹果、华为、小米等大客户群体，海量订单保障了欣旺达产业链的稳定性。

六、核心能力：系统管理能力，聚是一团火，散是满天星

企业实施前沿化战略、专业化战略仅需要几项核心能力，但是实施方案化战略必须具备系统管理能力，才能打造企业的竞争壁垒，实现企业的竞争优势，不断巩固和提升竞争地位。系统管理能力不是一朝一夕就能建立起来的，需要企业长时间的艰苦积累，不是每个企业都能具备系统管理能力。在逐步建立系统管理能力的过程中，必须时刻注意不要好高骛远，要量力而行，循序渐进。一个重要原则是"好钢用在刀刃上"，企业应在不同时期解决最关键的问题，适时修补短板。

中国服务业发展相对比较落后，服务业的核心能力也较弱。过去服务企业往往依靠标准化服务和营销能力就能成功，未来要全面提升供应链能力、产品研发设计能力、IT技术驱动能力、消费者社区商务营销能力等综合竞争能力。很多服务企业建立起了标准化能力，但人文设计能力弱，企业应该在软件方面下足功夫，增加知识产权，创造体验情景，通过差异化提升产业价值。应提升技术驱动能力，服务业非常重要的核心能力在于"技术驱动+本地化资源"。比如，美团、携程已经把高频次低客单价的机票酒店等服务数字化，淘汰了线下服务。服务业要逐步走进消费者的生活，增强消费者互动，构建消费者社区，形成完整的价值链整合能力，增强客户黏性，加速产业转型升级。

在制造业方面，中国现在是制造大国，还不是制造强国，很多制造企业处于价值链单项能力强、整体能力偏弱的状态，市场上一部分供应商不具备系统管理能力。下面以欣旺达为例说明制造业方案化企业应如何发展系统管理能力。欣旺达在走向新能源系统解决方案服务商过程中，以智能制造见长，这种单项优势会越来越小，要加快价值链各环节的进化速度，从制造立企到技术立企。欣旺达需要打造以客户为中心、品质技术双驱动的系统管理能力。

打造以客户为中心的服务体验优势，一切核心能力都指向提升客户体验，客户衡量服务的标准不再是单一产品性能，而是企业创造的整体效用，客户按照结果付费。方案化企业最重要的资源是"大客户"资源，欣旺达以客户服务体验为核心优势，视客户忠诚度为公司资产，重视培植客户紧密关系，为客户提供有广度和深度的服务。

深入挖掘客户需求，与客户共同研究解决问题，全面提高服务客户的能力，不断提升客户长期价值。品质是核心能力的基础。欣旺达需继续强化品质意识，发扬精益求精的工作文化，弘扬工匠精神，持之以恒地坚持高品质制造，保障快速和高品质的交付。技术驱动是方向，方案化企业需逐步过渡到技术驱动型企业，提高研发能力是重要任务。逐步加强关键核心技术的规划，通过客户研发服务和自主研发，不断积累核心技术，从ODM发展到JDM，构建拥有自主知识产权的产品和技术平台，积淀产品和服务的技术含量与优势，构建技术层面的竞争壁垒。

欣旺达未来制胜依赖的是一种体现系统管理能力的综合实力。

第一，具备企业家精神的核心团队。方案化企业需要多个业务蓬勃发展，需要一批准企业家带领各业务成长。欣旺达拥有一支积淀多年、富有企业家精神、精诚团结的经营管理团队。面对未来，他们胸怀大格局，开放包容，充满创业激情，锲而不舍地专注于新能源事业，懂得分享，注重整体作战、协同作战。

第二，制造管理能力。品质驱动需要制造体系不断提高精益制造和品质管理能力，打造制造资源垂直整合能力，加强供应链资源的开发与整合，形成智能化制造平台，建立高效快速的客户交付和供应链服务能力。

第三，研发管理能力。技术驱动需要逐步营造客户导向的创新氛围，建立开放式的产品和解决方案研发能力，提高产品研发管理水平，加强全球范围内的产品技术资源整合能力，为客户提供高水平的研发服务，提升客户价值。

第四，市场管理能力。提高市场创新和拓展能力，加快新业务领域的推广应用进程，抢占市场先机。加强行业的合纵连横和合作共赢，逐步构建产业链、市场层面的竞争壁垒，并支撑企业打造自主品牌。

第五，人才管理能力。强化人才梯队建设，培养业务领军人物，加强产品管理与研发、工程技术、精益制造和运营管理等领域的人才引进，建立标准化的人才培养机制，通过长短期结合的激励机制激发斗志，有效支撑企业业务发展。

第六，融资管理能力。建立科学合理的投融资机制，充分利用融资、基金运作、合资、创投等方式增强资本运作能力，为企业各领域的项目和业务运营提供快速有力的资金支持，为战略性投资、并购提供资金保障。

第七，利益管理能力。有所为有所不为，不与客户"抢食"，给上下游企业甚至竞争对手留下适当的空间，实现产业生态圈和谐发展，共同成长和共赢。恰到好处地处理上下游企业甚至是横向市场参与者的利益，在利益平衡中最大限度地谋求自身发展空间。

第八，风险控制能力。重视企业战略、投资、运营、财务、法律、信息等全方位的风险管理。通过有效的风险识别、评估、应对与控制，为业务发展创造良好的环境，保障企业战略目标达成。

第九章

团队系统合力驱动型组织：
从个体奋斗到群体奋斗

全面市场环境下，组织能力建设要坚持两个基本点，即以客户需求为业务发展的路标，以流程化的组织建设为企业管理目标。

组织层面需要创造"聚是一团火，散是满天星"的集团化效应。要处理好集中与分散的关系，分清楚企业面临的是组织问题还是管理问题，使企业既能集中共性要素资源办大事，又能分散个性要素以保持小团队的活力。

在组织运行层面，由于组织规模扩大及层级衍生，企业需要强化流程权威性，坚决畅通组织的各个环节，击穿职能壁垒和业务隔墙，围绕客户需求加速端到端的价值闭环循环。

方案化战略的实施必然使组织从单核架构调整为多核架构，有的企业还会形成多品牌运作。比尔·盖茨曾言："小成功靠能人,大成功靠团队。"在这个阶段,驱动组织成长的力量就不仅仅是各专业和各单元的领导者,而是各专业和各单元的骨干团队。

团队系统合力驱动型组织不可能仅靠几个人的智慧,而是要依靠群体智慧共同奋斗,形成事业共同体。组织内部以共同的事业目标为奋斗方向,以共同的价值观为纽带,基于共享的企业平台,结为事业共同体,共创长期价值,共享长期收益。

一、梯队能力:凝聚力、执行力、创新力、战斗力建设

打造系统管理能力,本质上是强化各个职能、业务团队的能力建设。团队能力是决定各项能力建设的关键,要让团队成为企业发展的基石,培养出优秀团队及其领军人物。方案化战略需要培育上下游业务单元,使企业既能大规模兵团作战,也能小团队尖兵作战,随机应变,无往不胜。

企业业务规模与范围扩大,必然面临高速成长与人才梯队建设不足的不匹配,主要表现是领军人物缺乏,人才队伍素质需提升,人才发展体系不健全。新业务初期推进很吃力,领军人物难寻,人岗适配度不高。

一家综合性新能源企业开拓动力电池业务,难以找到行业领军人物,便通过猎头聘任一位有生产背景的职业经理人,组建的团队成员基本都来自老业务团队,采用的管理体系也与原来一

致，缺少开拓型领军人物，导致业务多年原地踏步，错失新能源汽车赛道的先发优势。新业务是二次创业，应建立内部创业机制，寻找拥有创业梦想的人，推行事业合伙人模式，方能增加创业成功概率。

一体化业务快速开展，多条业务线都缺乏将帅之才。人才发展体系不健全，往往就会出现"乱点将"现象。后备人才梯队建设跟不上，人员指派上就会缺乏理性。一些企业的老板可能把信任的秘书晋升去做重要的工作。缺少人才盘点机制，晋升就易受到主观因素影响，按关系亲疏来选人。

企业在整体大平台下形成一个个独自作战团队，团队作风建设参差不齐。一个团队如果充满了正能量，则必然会富有活力和生机；如果满是负能量，则必然会走向衰败。团队面临的挑战主要有四点：

第一，目标性不足。有的团队不思进取，得过且过，借口"做得多，错的多，不做没有风险，不如不做"。能者多劳，庸者"摸鱼"，做得少的人反倒不担责，不会被惩罚。

第二，外部环境适应性不足。团队没有将用户需求作为内部变革的方向。比如一个汽车制造企业已经走向工业 4.0 时代，开启了用户定制化模式，按订单生产。采用定制化模式需要连接用户，工程师需要在社区上解答客户的问题，但该企业的工程师团队还做不到响应用户需求，无法适应新模式的要求。

第三，组织行为一致性不高。很多制度流程无法形成闭环，难以协同。业务独立容易造成条块分割，各团队"两耳不闻窗外事"，只管埋头做好自己的事情。这时候企业的短板就是木板之间的缝隙，即团队之间的协同问题。

第四，参与度不同。员工缺乏归属感，团队难以形成信任和尊重的氛围，研讨问题时很难有效调动员工参与的积极性。

方案化战略下，人才梯队建设是核心能力构建的要点，要根据核心能力要素地图，绘制出企业的关键人才地图，像管理资金充足率一样，高度关注"关键人才充足率"。企业应重点关注几类人群，管理后备人才梯队，保障现任员工离职后立即有符合条件的后备人才顶上。一份研究报告指出，卓越组织中高潜人才充足率可以达到20%，而在低绩效组织中，高潜人才充足率只有2%。战略性关键岗位高潜人才，是支撑企业实现差异化战略的人才，可以使企业具备有别于同行业企业的能力。拉姆·查兰（Ram Charan）给出了一个经验数据，高潜人才在企业员工中占比约为2%，他们对企业发展至关重要。

汇川技术董事长朱兴明2022年初在公司年会演讲时提出：汇川技术的创新需要为"狂人"创造一个自由的文化。他认为汇川技术需要四种"狂人"：产品经理、技术专家、管理者、商业领袖。"狂人"的特征是有质疑精神，反本性遮蔽，能独立思考、独立行动，不受情绪冲动影响。如果没有这四种"狂人"，汇川技术难以打造核心能力，难以形成一套可复制的最佳实践，很容易在激烈的市场竞争中受到严重威胁。

第一，产品经理。具有极致的用户思维和改变世界的决心，和用户需求形成强有力的连接。第二，技术专家。突破理论，关键是要反传统。第三，管理者。最重要的是要深究底层逻辑、入局场景，关键要能反习惯。汇川技术两三年前定下的很多规则制造了大量的"熵增"，让公司效率低下，变得混乱，清理这些规则就是反习惯。第四，商业领袖。要守正出奇，最终要反平庸。"还不错"就是平庸，"了不起"才是不平庸。

朱兴明强调汇川技术要给"狂人"提供成长发展的土壤，要给他们时间成熟。创新是自由之子、繁荣之母，只有自由的文化才能孕育创新，唯有创新汇川技术未来才能发展壮大。

人才不是核心竞争力，人才管理能力才是核心竞争力。要构建以战略为导向的差异化人才管理体系。围绕战略性关键岗位的能力要求，建立人才盘点机制，对人才队伍定期进行盘点，全面掌握人才队伍的绩效和能力现状，为队伍建设提供准确的基础信息。人才盘点的操作要点是完善目标管理和绩效评估体系，以有效评估员工的绩效表现；建立关键岗位的能力素质模型，对人才的能力素质进行定期评估；建立人才内部简历，将人才绩效评估结果和能力素质评估结果纳入其内部简历，形成连续的记录。

逐步完善科学、公平、透明的干部晋升体系，基于人才盘点机制和评估结果"选将"，树立标杆并使其发挥榜样效应，避免主观"点将"。在提拔干部时，以绩效和能力素质为底线，坚持三个优先：优先提拔认同和践行企业文化的人、优先提拔完成过挑战性任务的人、优先提拔从基层做起的人。

强化团队建设，锤炼铁军。团队建设的标准，就是要提升团队的战斗力、创新力、执行力和凝聚力。战斗力方面，一是建立赛马机制，开展系列 PK 竞赛，营造"比学赶帮超"氛围；二是建立评议机制，开展系列经验教训复盘会，进行业务经验教训分享。创新力方面，一是建立学习机制，开展系列成长积分卡活动，实现工作学习化、学习工作化；二是建立创新机制，开展系列合理化建议活动，营造人人创新、人人改善的氛围。执行力方面，一是建立荣誉机制，开展系列"员工之星"评选活动，用业务与文化荣誉激励员工；二是建立轮值机制，举办系列创享例会，营造人人参与、人人担责的氛围。凝聚力方面，一是建立链接机制，开展系列师徒结对子活动、系列制度解读会活动，加强团队内部人与人链接、事与事链接；二是建立分享机制，开展系列员工俱乐部活动和企业文化墙活动，做好团队内部情感分享和信息分享。

二、组织形态：结果型组织，大平台支撑的大兵团作战

企业发展到一定规模后，往往就要分权，将责权利分解到不同的责任单元。方案化战略的本质是在一体化基础上进行分工，如何保证既有一体化的高集成度又有分工后的高效率呢？这就需要建设大平台支撑的大兵团作战的结果型组织。这种组织形态往

往以矩阵结构呈现，横向是按照行业、产品、客户分类的业务单元，纵向是研发、供应链、营销、财经、人力资源等支撑平台，纵横交错形成一个个责任单元。这些责任单元按照不同的责任和经营目标，可以划分为投资中心、利润中心、成本中心、费用中心。

结果型组织架构是"平台化 + 自主经营体"，是建立共享平台后加上一个个价值创造体。很多企业的总部没有平台体系，总部机构设置依据过去的传统职能，包括人力资源、财务、战略、审计等部门。总部应该搭建的是共享平台。比如，华为有十大共享平台，美的有"789 工程"——7 个平台、8 个职能部门、9 个事业群。

结果型组织一方面需要下放经营权，另一方面也需要加强管控。把经营权下放到作战部队，让听得见炮声的人作决策，才能支撑起一个规模庞大的组织。支撑平台的规划管理和流程建设，就是在下放权力的过程中进行管控，让作战部队享有有约束的自由。管控不是为了监控，而是为作战提供保障，让作战部队在不逾矩的情况下大展拳脚。

阳狮集团（Publicis Group）是全球第三大广告与传播集团，创建于 1926 年，总部位于法国巴黎。阳狮集团以广告代理服务、媒介服务、媒体经营、公共关系服务和市场营销服务为主要业务。旗下的广告代理公司有阳狮广告（Publicis）、萨奇广告（Saatchi & Saatchi）、李奥贝纳（Leo Burnett）、盛世长城、ARC

等。媒介服务公司包括实力传播集团（Zenith Optimedia）、星传媒体（Starcom MediaVest）等。媒体经营主要在法国市场，除拥有法国最早的音乐电视六台，还拥有明思力集团（Manning Selvage & Lee）和阳狮传讯（Publicis Dialog）等。目前，阳狮集团业务覆盖全球108个国家，拥有7.8万名员工，年营业额96亿欧元，其中52%来自数字化业务。

是何种管理方式支撑这家法国的广告巨头在全球市场纵横捭阖，并引领麾下众多品牌实现"1+1>2"的集团化整合变革？

为了适应客户需求向整体解决方案演进的趋势，阳狮集团全球业务逐渐从广告创意延伸到数字化推广的全传播价值链，这种在传播价值链的多元化业务布局，使阳狮集团成为一个全传播营销解决方案服务商。这种整体解决方案的商业模式变革来自阳狮集团"引领变革"的方法论指引，也来自业务实践要求。客户需要很多一揽子的服务，因为阳狮集团广告业务组合更加全面，所以一般来讲标的都会留在集团内部，集团有一个团队服务客户整体项目，参加项目的可能有阳狮集团其他子品牌的员工，有做视频广告的，有做媒介投放的，总之涉及整体广告解决方案的项目越来越多。

这种商业模式的变革，驱动阳狮集团重新布局全新的全球网络，并通过"一个阳狮"（power of one）战略为客户提供完整的专业技术和服务，每位客户都能简单、灵活、有效地获取阳狮集团的所有服务内容。

基于"一个阳狮"战略，阳狮集团构建业务与区域结合的矩阵型组织结构，横向是区域组织，纵向是四大板块业务组织。纵向各板块实施集中业务管理，逐渐在业务板块内部构建一套财务报表，定义各个板块作为考核主体，业务板块的不同业务品牌向共同业务主管汇报，构建业务板块利益共同体。横向区域分布在全球，通过设立共享服务中心进行职能管理的集中化服务。

为提供客户导向的整体解决方案服务，阳狮集团在矩阵结构之外，设立了面向客户的首席客户官（chief client officer, CCO），整合公司资源服务于大客户。全球设立20位CCO，每位CCO可以整合四大业务板块资源，跨部门、跨区域提供客户所需的所有服务和技术。阳狮集团为大客户提供业务的时候，可以快速提供一揽子的解决方案。某些情况下，CCO还可以将不同的团队调任至同一工作地点，协同为客户创造价值。

最初阳狮集团下属品牌之间一般不交流，因为它们是竞争对手。原来是业务板块下面分区域，现在是区域下面分业务板块。结构变化以后，同一个区域管理层下面有不同的业务板块，这时候各个业务板块之间交流增加了。原来各自准备一个客户的投标项目，到客户那里互相压价。现在针对一个投标项目，各业务板块会做预备沟通，共同研讨如何将投标客户转化为集团客户。各品牌从前想的是如何将客户转化为"我的"客户，现在想的是如何转化为"我们的"客户。

企业运作涉及的多种要素中，有一些是共性要素，任何企业运作都离不开它们，比如财务准则、法律规范、资金管理、物资采购等；还有一些是个性化要素，比如区域市场的差异、多元化业务的不同特性、客户的个性化需求等。共性要素集中管理能为企业创造最大化成本集约价值，而个性化要素分散管理则能创造最大化客户满意价值。能否平衡好共性要素与个性化要素的管理，是衡量一个企业管理水平的重要标志。基于此，共享服务中心主要实施共性要素集中管理、个性化要素分散管理。共享服务中心不断积累与集中运营共性要素，为业务团队创造良好的后台经营环境，而业务团队则聚焦业务与市场，心无旁骛地专注于提供前台个性化产品与服务，持续满足市场需求。

共享服务中心的目标是：提高工作效率；加强内部控制、遵守 Janus（阳狮集团政策）的要求；提供优质服务；成本效益最大化。在目标牵引下，其向中国各品牌公司提供优质的管理及财务服务。

共享服务中心汇聚了一批专业的优秀人才，把那些事务性的、常规性的、流程性的工作集中起来进行管理，最大化成本集约价值。同时又能够发挥各个业务单元的个性化和主动性，充分满足个性化的客户需求、个性化的市场。有共享服务中心的共性服务支撑，公司整体管理费用大幅降低，管理效率大大提升。有了后端共享服务中心人员的帮助，前端业务人员才能花费更多的精力去开拓市场，实现公司业务的增长。

共享服务中心这种平台化管理模式的本质是专业化，一方面职能管理的工作集中化处理，极大地提升了管理效率；另一方面让业务部门从繁杂的事务中摆脱出来，极大地解放了创意生产力，使其更加专注服务客户需求。这种"集分结合"的管理模式创新，有力地支撑了阳狮集团"一个阳狮"战略，在阳狮集团转向全传播营销解决方案服务商的变革中，让"广告群狮"变成了一体化的"广告巨狮"，在世界广告舞台上大展威风。

三、组织运行：流程权威让价值在端到端顺畅流动

任何一个企业的发展，都要经历从小规模的人治，到中规模的制度管理，最终到大规模的流程管理。规模越大，流程越要优先，如果都靠人去协调，企业运营效率就会太低。流程管理是一种集成化、方案化的管理方式，所谓"集成化"，即任何流程环节都能替换更新，实现"即插即用"；所谓"方案化"，即各流程环节能够"无缝对接"，融为一体。一体化管理就是流程管理的具体体现。

方案化战略下，各个业务团队的很多市场和客户是共同的，需要敏捷的流程协同才能高效运行。共享平台可以建立统一的服务标准和流程，通过专业分工，打造专业化的队伍来提供专业服务，减少和避免以前分散在各业务单元中的由标准不统一造成的工作偏差和由执行标准不一致造成的重复。

阳狮集团在整合组织结构前，很多工作都没有标准化，各子

公司按照习惯工作。现在各个子公司遵循集团的制度流程体系，展开标准化、一体化建设，减少彼此之间的制度流程差异。媒体业务原来由若干子公司自行运营，由于主流电视媒体比较强势，进行媒体投放往往需要垫付资金，财务报表五花八门，十分复杂。集团总部对于垫付资金管控非常严格，对财务管理部门的资金支持有限额。以前共享服务中心资金管理需要对各子公司分开管控，现在共享服务中心与集团沟通后，只需进行总体核算管控即可。

应收账款信用管理的流程实现标准化。首先业务人员需要定期跟进项目进度，提供项目完工确认表。当确认的项目进度比例录入共享服务中心的应收账款信息系统后，业务人员就会进行收入确认。通过在系统上确认，共享服务中心不需要与项目业务人员进一步沟通。应收账款信息系统规定相关付款期限，假设付款期限是60天，如果到期后款项没有到账，共享服务中心收款组会集中精力进行干预处理。

流程信息化使管理上了高速路，信息化技术是驱动引擎，基于信息化平台的共享服务如虎添翼。建立一个共享服务的信息平台，子公司把数据导入系统，将企业合规控制及业务审批流程嵌入信息平台，做到事前提示、事中控制、事后评价，强化合规控制、降低风险、提高效率，以实现"一个阳狮"战略。

2012年开始，阳狮集团启动员工报销系统，目标是将员工报销流程从线下搬到线上。阳狮集团基于金蝶的信息化系统建立线上员工报销系统,在一年内就实现 50 多家子公司上线,覆盖各大区全部员工。员工可以线上申请报销、查询,员工填报信息后,审批人员线上审批,当地财务人员线上复核,员工可以看到流程状态与流程节点。信息化的优势,对于财务人员,在于流程严格定义,明确审批节点,不能随意跳转流程;对于员工,在于申请便捷、流程透明易查询;对于审批人员,在于提升审批责任心,因为一切尽在监督之下,且审批人员在出差时依然可以登录系统网上办公,不会因为工作地域不同而影响业务进度。

朱兴明认为,按人员规模看,现阶段汇川技术算是中大型规模的企业,靠过去人治和简单流程管理是不够的,所以需要搭建端到端的流程。于是,汇川技术学习当初华为规模化发展阶段聘请 IBM 进行流程变革的经验,聘请国际顶尖咨询公司搭建各个业务流程,开展的项目比较多,包括研发端集成产品开发(IPD)流程、市场端机会至收款(LTC)流程、供应链端集成供应链(integrated supply chain,ISC)流程、财务端集成财经服务(integrated financial service,IFS)流程等。朱兴明认为:"变革本身就是业务,不是业务的附属。任何一次变革,不管是优化流程还是重构流程,或是定规则、定各种制度,其实就是在修路,我们要把它当作一个产品来做。"汇川技术流程搭建最终要实现的目标是:快速响应客户、提升公司运营效率。过去,汇川技术享受了中国发展过程中的"工程师红利",未来,随着管理变革带来的内生管理能力的提升,应逐渐打造"向管理要红利"的能力。

汇川技术现在推行的 IPD 流程特别注重前端管理，包括客户需求管理、产品组合管理、路标规划、产品定义等。组织上有对应的变化，成立了重量级前端团队，研发部门进行了调整。推行 IPD 流程后，汇川技术研发流程出现了以下几方面好的变化趋势：

第一，平台拉通。从技术平台、模块平台、产品平台到标准化产品/定制化产品平台，予以拉通。平台拉通很重要，一方面是实现技术共享，另一方面是提升开发效率。行业解决方案定制化是汇川技术的核心竞争力，但如果对每个行业都单独进行定制化，则效率太低。在搭建好技术平台、模块平台以及产品平台的基础上，再做标准化产品和进行定制化，会大大提升效率。

第二，产品组合。对汇川技术繁多的产品进行产品组合管理，有利于客户解决方案需求产生后，更快决策把客户的不同需求放在哪个产品平台上去做。

第三，产品定义。汇川技术过去开发产品，通常靠的是迭代，迭代的根本原因是初期的产品定义做得不够好，只能依靠多轮的产品迭代，整体效率比较低。现在初期就尽量把整体的产品需求把握好，做好产品定义，可以大幅提升开发效率。

从 2021 年开始，汇川技术就在研发阶段重点打造以上几方面的流程，未来随着系列流程的落地，汇川技术的研发效率会大大提升。

四、管理机制：打造事业共同体，从追求短期利益到追求长期价值

企业发展到一定阶段，组织结构发生变化，部门、业务单元增多，流程也增加，效率反而下降。从管理机制的角度分析，一个很重要的原因是这个阶段招聘来的员工和管理者没有和企业建立紧密关系，而是"花别人的钱，给别人办事"，效率自然不高。

事业共同体是一种事业成长内在战略性动力机制、新的人才动力机制。打造事业共同体表面上是管理方式的变革，本质上是用人理念的变革。在传统管理方式下，无论员工干得多么好，职位升到多高，他永远都只是职业经理人，无法成为企业所有人。在事业共同体中，只要员工能够创造足够多的价值，给企业带来足够多的利益，他就可以成为合伙人，变成企业的股东，从而参与利润分享。在合伙人思想指导下，员工不再是单纯的劳动力提供者，而是成为企业的主人翁。由于角色的转变，上下级之间单向命令式的被动管理所带来的消极作用被基本消除，各方主动提高工作配合度、提升效率和质量，使管理成本下降。

事业共同体实现多层次不同岗位不同价值。结果型组织需要凝聚一批领军人物和核心骨干共同开创事业，那么就应该建立一种分享增长的共享机制，激励其共同奋斗。多层次事业共同

体是在集团、子公司、业务线、部门等各责任中心,都建立起不同层次的事业合伙人机制,让不同层级的人员共创共享。基础层面的一些项目可以采用项目合伙人机制,负责项目经营的经营班子和骨干人员共创共享。从某种角度来看,合伙人机制就是让员工从"花别人的钱,给别人办事"变成"花自己的钱,给自己办事"。

事业共同体有一套动态股权分配机制,按照价值贡献调整激励。假设甲、乙都是一个公司的合伙人,第一年,甲给公司贡献500万元业绩,乙也贡献500万元业绩,甲、乙动态股权就是50%对50%。第二年,甲贡献1000万元业绩,乙没有贡献业绩。甲两年业绩合计是1500万元,乙是500万元,那么甲的股权就由50%上升到75%,乙的股权下降到25%,这就是动态股权分配机制。一个机制能够改变一群人的散漫态度,激励他们成为奋斗者。所以说,有些问题是管理方式解决不了的,需要从管理机制入手。

事业共同体本质上是共识、共担、共创、共享的一种分工协同机制。共识代表同道中人,选人比养人更重要。要选择理想追求和目标一致的人,只有对事业目标的设定、产业的理解、企业未来发展趋势的洞见一致,事业共同体才能走得更远。共识还代表共同的价值观。只有价值取向一致,才能减少协作摩擦,减少内部交易成本。共识还代表遵守共同的规则和道德底线。再优秀的人,如果守不住道德底线,就控制不住欲望。没有共同的道德底线，事业共同体在遇到重大利益诱惑、产生利益分歧时，就容易土崩瓦解。很多企业的事业合伙人机制评价中，将对态度、价值观、劳动态度的评价置于最前。无论是价值观行为评价还是劳动态度评价，内核都是相同的，主要是评价一个人是否符合团队的使命、追求、价值取向。

共担是共担责任、共担风险。事业共同体本质上是一群人创业，事业合伙人要承担经营责任、解决问题责任、创新变革责任、培养队伍责任，没有风险意识就不能做事业合伙人，只能做职业经理人。事业合伙人不能遇到困难和问题就逃避，要勇于挑战目标，同甘共苦，用肩膀扛着企业往前走。阿里巴巴要求合伙候选人在任命前拥有一定的公司股份。某人在成为事业合伙人之日起3年内，必须至少保留成为事业合伙人时所持股权的60%。3年之后，其如果仍是事业合伙人，则必须至少保留成为事业合伙人时所持股权的40%。万科强调事业合伙人要与股东捆绑在一起，共同持有万科股票。在万科项目跟投制度中，要求项目所在一线公司管理层和项目管理人员必须跟投，其他员工自愿参与。华为员工的收入结构包括工资、奖金和股票三部分，大体各占1/3。员工职级越高，股票部分的占比越大。华为股票需要员工出资购买，从而形成责任和利益的绑定。

共创是事业合伙人协同创造价值，组织内部形成互补性的人才团队，取长补短，互相激发潜能，实现最优组合。事业共同体是百花齐放，绝不是一枝独秀，选择事业合伙人不要求选择全能选手，过于强大的人未必适合做事业合伙人。事业共同体就是未来有更多人为企业创造价值，并能分享价值。很多企业或业务单元组合团队时选择强强联手，反倒事与愿违，合伙关系很容易变成竞争关系，为事业共同体埋下隐患。

共享是共同创造的增量分享。所谓共享，其实就是剩余价值共享、信息与知识共享、资源与智慧共享，而不是简单的利益共享。企业要致力于形成良性的生态环境共享体系。

第五部分

立体市场进化

第十章

生态化战略：从经营企业到经营产业

处于产业领先地位的企业中，有的依凭商业影响力和长板能力，如资本、技术、人才、数据等方面的优势，孕育出针对某一类需求的产业服务平台，从促进企业间产品交易合作到资本合作，由浅入深，渐进丰富和繁荣产业生态。在进化过程中，有的佼佼者逐渐打通供需闭环，让众多供应方和众多需求方立体连接起来，产业服务平台提供者成为产业生态组织者。

立体市场中供需两端都呈现多元化和动态化，企业之间的关系也正在从以企业为中心、内部协调分工、由价值链主导者控制的竞争，向以用户为中心、价值网协同、产业社区网络化合作的形式转变。

产业生态组织者从经营企业到经营产业，不断延伸自身的产业长板，成长为产业赋能平台，以此整合多维度、多层次、场景化各类服务，吸引并服务更多用户，沉淀更多数据资产，共同创造产业生态的网络协同效应。

产业生态化战略打破了企业的边界，企业家审视战略的立足点已经不再是自身孤立的、单一的企业，而是从所处的产业生态出发，秉持开放合作、协同创新、利他共赢的生态理念去创新客户价值、赋能伙伴。

一、立体市场：动态多元的供需生态圈

在企业边界已然打破的环境下，企业需要突破线性思维，突破企业自身视角，转换立体的价值思维，从供需立体市场的更高层面思考竞争创新。

1. 竞争：从价值链到生态圈

迈克尔·波特的竞争优势理论是在商业竞争环境相对稳定、企业边界相对清晰的情况下的思考，应对立体市场中复杂多变的环境有些力不从心。詹姆斯·穆尔（James Moore）是最早提出构建"商业生态系统"的学者，他曾担任历史学教授，与英国学者阿德里安·戴斯蒙德（Adrian Desmond）合著《达尔文》，这本书被认为是最优秀的达尔文传记之一。他借助对生物进化论和生物生态学的研究成果来透视商业，提出以自然生态的眼光审视商业生态系统中出现的问题，从而创立了"商业生态学"。

詹姆斯·穆尔 1993 年在《哈佛商业评论》撰文提出"商业生态系统"概念时,很大程度上是出于对经典产业分析的不满。在他看来,与其视企业为某个产业的一员,不如视其为一个横跨若干产业的生态的一员。他还认为,生态化战略的着眼点,不是波特强调的差异化和低成本,而是不断创造新的价值链。

詹姆斯·穆尔把生态定义为由组织和个人共同组成的社区网络,这些组织和个人共同发挥能力并调整投资,从而创造附加价值或提高效率。在生态系统中,生态组织者催化生态的形成并引导其发展。

生态圈好比朋友圈,而商业模式好比朋友合伙做生意。固然这群人最初可能是因为某个生意而聚集,但从长远来看,这个朋友圈的价值可能远远超出该生意本身,因为它可能为生态组织者带来源源不断的新生意。产业环境高度复杂,不确定性较高,因而一群人共同去探险与独自行动相比,寻得的宝藏可能更丰富。

哈佛大学教授亚当·布兰登勃格(Adam Brandenburger)和耶鲁大学教授拜瑞·内勒巴夫(Barry Nelebaff)合著了《合作竞争》一书,他们认为经济活动是一种特殊博弈,必须进行竞争,但也要合作,经济活动是一种实现多赢的非零和博弈。书中提出"价值网络"管理模型,认为价值网络通过网络中不同层次和不同主体之间的互动关系形成了网状的价值交换。处于每个网络节点的个体或组织,可以从这种竞合作用中创造或者获取更多价值。

生态圈与价值链最大的区别在于，价值链强调企业如何利用已经拥有的资源打造竞争优势，而生态圈则强调企业如何通过创造一个价值平台有效整合外部资源，从而形成新的生态优势。生态优势不再是零和博弈，而是一种共赢、共生、共荣的新价值。在生态视角下，价值的创造、获取来自产业链上下游合作者的共同努力，而不是局限于企业内部。"要么创造生态，要么融入生态"成为企业竞争时代的生存法则。

在越来越多的行业中，知识和能力是比较丰富且分散的，很难被整合进一个单一的、金字塔式的组织。例如，拥有某一类型关键技术或专业知识的人可能不愿意放弃自己的独立性而供职于一家公司，更不愿意为工作岗位而前往另一个城市工作。还有些创业者认为自己的公司大有前途而不愿意被大公司收购。面对日益多元的世界，产业生态圈可以发挥其独特的功能，把来自各方面的资源、能力、知识汇聚在一起，既进行价值分享，同时也保证它们的独立性，这种生态化战略日益显出它的吸引力。

在新的市场环境下，企业的优势不仅仅来源于内部价值链活动的优化和资源能力的积累，还来源于对外部资源的有效利用，也就是协调生态伙伴的能力。生态优势不追求"为我所有"，但追求"为我所用"。在开放合作的大潮下，企业之间的竞争更是生态圈之间的竞争。企业需要突破传统封闭的线性思维，从对立竞争的个体生存方式转向在开放、竞合、深度关联的产业生态圈中寻求更大的发展。从线性思维到生态思维，从工厂思维到客户价值思维，从封闭的产业链线性思维到开放的产业生态思维，这是一场认知的革命。

2. 市场：从生产导向到用户导向

传统的管理理念更多停留在先思考"生产什么"，再思考"卖给谁"的逻辑上，将企业和市场用户切割成内外部的关系，割裂了价值创造的链条，导致企业过分关注自己的战略、生产、长板和诉求，客观上忽视了用户需求以及用户场景变化。

产业互联网时代，用户需求以及能够满足这些需求的技术都发生了巨大变化。用户越来越希望得到个性化的定制解决方案，而非同质化、批量交付的标准产品和服务。虽然解决方案本身并不难，但是往往需要彻底创新交付模式，以及进行更多的协调工作。诺基亚时代的手机已经被智能手机取代，智能手机要组合声光电、传感器、全球定位、摄影成像等一系列技术，以及提供各种服务的接口。食品行业需要像医药行业一样具备产品可追溯性，要对价值链上各个伙伴的工作进行协调、跟踪以及追溯验证。

用户价值一般通过三种形式确定：第一种是供给方定义，用户作出选择；第二种是用户和供给方一起定义；第三种是用户定义，供给方予以满足。从第一种到第三种，用户的主动性逐渐提高。传统商业模式下，企业控制了产品的大部分信息，用户仅作为产品或服务的使用者，信息不对称使得用户无法享有更多的权利，但互联网在一定程度上消除了信息不对称，为用户和供给方搭建了平台。实时的连接使得信息反馈与用户参与的成本持续降低，碎片化的时间也带来了用户参与时长的增加，两者效应累加实现了用户赋权。用户在价值定义中的权利升级是互联网的显著优势，对这一优势的认识和利用，不但会出现在新兴产业，也会渗透到成熟产业。

企业经营从传统"研产销"的供应链思维向"用户体验、产品研发、产品生产和用户使用"的需求链思维转变。用户成为经营活动的前端驱动力，企业通过用户需求探究、市场策划、市场营销前置，按照社群经营、用户体验、研发创新、生产交付、用户使用的经营逻辑组织价值链活动。企业基于用户生态经营理念，通过线上线下集客分析平台，准确识别和挖掘潜在用户，汇集用户需求信息，以总订单量确定产品生命周期，打造用户需求驱动的新经营模式。

从生产导向转型升级为用户导向，要求企业重新审视从用户出发的价值创造链条，从用户的角度重新思考一直以来的工作，并且定义未来的工作。

比如，企业曾经把自己定位为一家生产和销售汽车的企业，追求的是产品的安全和操控效果；而当企业把自己定位为一家出行企业，站在家庭用户的角度思考时，追求的可能是如何满足用户郊游时全家三代人出行的场景化需求。

当用这种场景设置来思考需求时，企业会发现，汽车用户以前最看重的操控性能已经不是第一需求，而满足一家人的需求成为核心需求，要求汽车空间开阔、座椅舒适、外观大气。显然，用户导向更贴近需求场景，也更贴近真实需求，它将带来真正"用户导向"的研产供销的改变。

企业与用户的关系从"先期主观生产、后期被动消费"变为"链接、互动、共创、共享"。企业的战略思维逐步从经营产品转向服务用户生态。用户成为企业的伙伴，参与产品研发、生产与服务的全价值链活动。

传统商业模式中企业和用户是一次性交易的客户关系，交易完成企业与用户的关系随之结束。而互联网时代产品变成企业与用户的互动工具，企业与用户之间由单向关系变为双向互动关系，因产品和服务而连接到一起，由信任而产生黏性，用户价值也从一次性的消费价值扩展为持续性的用户价值网络。

企业基于大数据技术，对有潜在产品和服务需求、有潜在购买能力的用户进行线上线下广泛连接、互动，获得潜在用户对企业的产品认同、情感认同和文化认同，逐渐将潜在用户转化为现实用户。企业建设具有参与感、归属感的用户社群，为其提供持续的服务，增强用户黏性，逐渐将用户转化为"粉丝"人力资本，共同建设移动生活生态。企业通过与用户之间的有效互动，积累大量用户行为场景数据，形成可扩展衍生服务的线上线下一体化用户服务平台。

3. 技术：从信息传播到万物互联

在很长一段时间内，以百度、阿里巴巴、腾讯、京东为代表的互联网企业，让身处传统产业的企业产生了"互联网焦虑症"，很多企业找不到有效办法进行互联网转型，企业变革难以取得突破。造成这一结果的主要原因是大多数传统企业固守传统思维模式，只是将互联网当作转型工具，没有把握互联网的本质和规律，没有形成互联网思维并用其促进传统产业转型升级。

互联网时代是一个全新的时代，互联网对商业最重要的影响就是"信息链接"的革命促使商业形态发生革命。基于信息的数字化特征，我们可以推理出互联网的基本商业形态。第一，信息边际成本趋于零，所以信息传播成本极低，甚至可以免费分发产品或服务，由此可以吸引流量，形成入口模式。第二，信息渠道距离趋于零，所以信息传播速度极快，可以病毒式传播，构建一夜爆红的渠道模式。第三，信息可沿全球网络传播，传播范围极广，可以无边界交互，实现跨界交流，形成跨界运营模式。第四，信息节点极多，万物皆可为信息节点，允许海量用户参与，从而积累海量大数据，打造社区模式。

当把互联网技术植入传统商业体系后，传统商业逻辑发生了本质性的变化，市场、用户、研发、生产、销售、盈利模式都被解构与重构，建立起以互联网为基石的价值体系。互联网改造传统产业经历了五个阶段：第一阶段是传播互联网化，以新浪、搜狐为代表的门户网站兴起，从产业价值链的信息传播环节开始重构，企业利用互联网进行信息发布。第二阶段是销售互联网化，以淘宝为代表的网络零售平台开启了电子商务时代，从产业价值链的渠道环节开始重构，企业利用互联网进行销售。第三阶段是营销互联网化，以凡客诚品等为代表的企业采取网络直营模式，从产业价值链的产品研发环节到客户服务环节进行重构，利用互联网实现社区商务。第四阶段是企业互联网化，以红领、海尔为代表的传统企业全面转型，从需求甄别环节到客户服务环节进行重构，互联网成为企业运营的基石。第五阶段是产业互联网化，以京东、小米为代表的企业成为产业链组织者，推动企业之间链接共生，价值链社区化成为产业领袖的主流战略。

随着人工智能、区块链、云计算、大数据技术的兴起和迅速发展，数字化、智能化时代已经到来成为共识。产品中的数智化成分大幅度提高。借助数字芯片、软件、在线实时数据交互等多种形式，实体成分和数字成分共同实现用户价值。复杂产品如飞机、高铁、汽车等，简单产品如音箱、风扇、冰箱、空调，甚至一棵青菜、一张纸等都可以加入数字成分实现增值。

服务中的数智化成分同样大幅度提高，尤其是服务的实体硬件和数字软件共同实现用户价值。高技术复杂服务如数据与语音通信、金融服务等，简单服务如餐厅点菜、便利店购物等都可以做到在线实时数据交互。

产品和服务的数智化融合程度大幅度提高。产品和服务的简单融合如共享单车和共享充电宝等，复杂融合如飞机发动机的实时在线和按飞行时间付费。数字创新中的产品和服务融合还体现在接口的开放上，不只是一些硬件的接口开放，还有更为灵活的软件和数据接口开放，这些通常都可以由在线实时数据交互为价值延伸、价值植入、价值重构提供基本条件。

产业链数智化程度大幅度提高。在线实时数据交互是数字创新中的必要组成部分，原材料或零部件的制造过程、产品的制造销售和交付过程、服务的运营过程、产品和服务的用户使用过程等多个环节都有在线实时数据交互的可能性，而且其能为用户的产品和服务价值感知作出贡献。

数智化技术意味着距离不再是问题，高效协调分散的能力和知识更容易实现。产业生态圈可以复制过去借助区域产业集群带来的众多好处，可以把世界各地的伙伴联系在一起，而无须将它们集合在某个物理位置。今天，许多产品和服务依赖交换、共享那些复杂、隐性、非结构化的知识，这些知识难以编纂成册后调取，生态化战略为生态圈内部成员解决这一问题提供了帮助。

二、立体市场事业理论：基于长板理论的网络效应

产业生态发展的核心要点是用长板理论替代短板理论。短板理论关注补齐木桶中的最短板，是一种对称均衡的思维。长板理

论则是把自己的长板能力与核心优势发挥到极致，形成产业链中不可或缺的要素，再去寻找其他要素长板，紧密协同、共创，组合成为"更大的木桶"，并根据价值分配机制进行价值共享。

长板理论是一种非对称均衡的优势发展理论，在生态协同发展思维下，长板理论的要点是不要试图去补齐自己的短板，因为要补齐短板，有时候需要锯掉自己的长板，牺牲已有的优势去弥补劣势。

最大化发挥自己的长板，再和别人的长板组合，才能有效造出一个更大的木桶，然后按照事业合伙人机制的交易结构，去完成价值的再分配，这时候每个人的利益都会变得更多，这就是构建新的企业生态环境的理论内容。这种依据长板理论所形成的网络协同就是现在常讲的产业生态。所以网络协同是一种合作机制，它创造的价值就是协同效应。

如果说工业时代推崇的是规模经济，追求大规模、标准化、流水线生产的低成本，互联网时代追求的是网络效应，那么在接下来的智能商业时代，真正的竞争将聚焦企业如何创造最大化的协同效应，所以协同效应是一种全新的竞争力。

过去淘宝网络平台中的角色非常多，有卖家、买家以及各种各样的社会化服务商，其提供信用、物流、支付服务，提供各种各样的要素支撑。这种多元角色的复杂互动，形成了非常复杂的网络协同，也带动了生态的急剧膨胀。

2008年淘宝商品交易总额为1 000亿元，2012年达到1万亿元，2017年突破3万亿元。数字激增的背后，从买家角度来看，是淘宝给买家提供了便捷的购物服务，但是从卖家的角度来看，其往往要通过软件的互动接口接入100家甚至200家社会化服务商，形成从导购到广告，到拍摄和修图，再到网站的建设、装修等非常复杂的网络协同体系。

淘宝是一个零售平台，更是一个巨大复杂的网络协同生态，这才是淘宝价值的源泉所在。正是这样复杂的生态创造了巨大的协同效应，才有了淘宝今天的社会化价值。同时淘宝这样一个复杂生态的发展，也进一步推动了全球化网络协同的发展。同时我们也看到，越来越多的网络协同已经开始涌现，很难再区分哪些企业是互联网企业、哪些企业是传统企业，因为传统企业已经"互联网化"了。未来企业会进行更大范围的社会化协同，制造业、服务业以及更广泛的一些社会角色，都会进一步融入网络协同生态中。

身处立体市场的企业，其竞争对手不再只是某一家企业，而是这家企业参与的一个产业生态。企业要采取生态化战略，基于从企业经营到生态社区经营的逻辑，增强自身长板能力，以合作共享的方式，努力成为产业生态社区的组织者。在生态社区中，企业通过自身发展、投资并购、产业联盟实现触角的不断延伸，通过建立生态社区规则，推动庞大复杂的系统共同进化，进行不同程度的新陈代谢，完成自我更新，形成一个自适应系统。生态化战略的要点是长板、连接、协调，示意图见图10-1。

```
           长板
            ↑
         立体市场
       多元要素整合
   协调 ←――――――― 连接
```

图 10-1　生态化战略示意图

长板。在生态社区中，企业与企业之间、企业与环境之间是一个命运共同体，需要共同经营赖以生存的产业资源和市场领域，但是资源和市场是有限的，社区中的成员都要承担不同的角色，要么成为组织者，要么参与生态社区建设。生态社区组织者必须具有足够强的长板能力，有实力建成足够深的产业护城河。生态社区组织者或者形成能力平台，或者形成资源平台，将社区内其他企业汇聚起来，创造更大价值。

连接。生态社区作为企业和市场之间的一种中间形态的经济组织，是供应商、制造商、分销商、零售商、服务商和用户组成的共同体，生态参与者都是利益相关者，一荣俱荣、一损俱损，共同制定运行规则、行为准则，共同创造价值，共享发展成果。为创造协同效应，所有参与者会共享资源和平台功能，成为一个产业生态圈中的一员。从生态圈繁荣视角出发，基于竞争合作、跨界融合、开放无界、利他共生的战略思维，以价值创造最大化为目标，充分关注企业边界外有哪些资源，高效连接可利用资源并将其转化为系统力量,促使系统内的各个"生命体"都更积极活跃地推动系统进化。生态化战略就是核心价值的打造与开放。在产业价值网络中,谁有价值谁就能成为网络中的连接点,一边连接需求,一边连接资源。未来企业要么成为连接点整合资源,要么成为资源被整合。

协调。产业生态组织者需要创建有利于成员共同学习的环境,提供让各个合作伙伴形成互补的信息交互系统。产业生态组织者创造的价值可以是一条技术路线和生态规则,也可以是对合作伙伴协调投资的帮助,或者是解决纠纷的共同协调机制和治理结构,从而减少生态合作伙伴的互动成本。众多参与者在产业生态圈中共同提供价值,这将产生积极的螺旋效应,使所有参与者都能从整合生态圈带来的规模扩大中受益。

三、战略定位:让长板更长,成为产业价值链的组织者

采用生态化战略的企业,其利益相关者通过关系连接形成联盟,打通产业链的开放式循环,开放包容,强调新陈代谢、自我更新。生态社区组织者要求长板足够长,然后将供需两端一体化连接,组合起面向用户、终端或企业的生态圈,供需两端自然就能自循环起来。

产业价值链组织者可用"产品"把利益相关者组织起来,也可以用"平台"把利益相关者组织起来,还可以依靠"资本"及

其利益分配的纽带把利益相关者组织起来。在产业生态圈中，有三类生态型企业一起成长，分别是产品生态型企业、平台生态型企业、资本生态型企业，它们在生态圈中共生共荣，彼此互动、共同进化。这些生态型企业都处于立体市场中，需求端和供应端实体众多，构成共创共享、共生共荣的社区。

产品生态型企业数量众多，是产业生态圈中常见的类型。产品生态型企业的典型代表是苹果、波音、丰田等。苹果所构建的是硬件、软件与服务三位一体的产品生态圈。苹果的生态网络由两个核心模式支撑：一是 iPod 硬件 +iTunes Store 内容商店，即通过 iPod 购买音乐、电影等内容服务；二是 iPhone/iPad 硬件 +App Store 应用商店，即通过 iPhone/iPad 购买软件应用服务。苹果模式的优势在于，其既能够通过硬件获得高额产品利润，又能够通过用户在内容 / 应用商店中的消费获得各式各样的生态利润。

平台生态型企业相对于产品生态型企业数量要少一些，大多数情况下它是一种阶段性状态，要么进一步发展成为资本生态型企业，要么退化为专业化企业或方案化企业。平台生态型企业往往是垂直型平台企业，如滴滴出行、爱彼迎、汽车之家、微博、爱奇艺等。汽车之家生态平台的长板在于汽车营销通路，通过数据和技术赋能消费者和客户，覆盖资讯、交易、金融、生活等围绕汽车服务的所有场景，成为汽车领域中连接消费者与生产商、经销商以及汽车后市场的生态平台。汽车之家打造客户端网络协同,通过打造平台化、线上化的看车、买车、用车场景,为车主提供更完善、更快捷、价格更公道的买卖车交易服务。打造企业端网络协同,汽车之家基于软件运营服务(SaaS),协同平安集团为二手车商提供更多的购车线索服务以及个人购车金融服务,不仅有效缩短了个人的购车时间,同时加快了商户手中的车辆流转。

资本生态型企业数量稀少,一般是行业中的领袖企业,如华为、小米、京东、腾讯、阿里巴巴等,它们通过自身发展、投资并购等资本手段实现触角的不断延伸。小米的成功是生态化战略的典型范例。小米用8年时间做到了1 800亿元的规模,依靠的除了业界"牛人"组成的团队外,更重要的是其领先的生态化战略思维,即运用互联网思维改造实体经济。小米构建了一个产业生态圈,从产品设计到用户连接,从产品研发到供应链管理,从品牌营销到渠道建设,从产品组合到资本运作,全方位为产业生态圈中的企业提供服务与赋能。

通过这种平台的构建、生态体系的发育,小米不只是一个手机生产商,而是消费性物联网平台。小米的第一个核心能力是大数据,因为所有的产品将来都是物联网的连接点,都可以收集消费者需求和使用数据,所有的数据都要回到小米的平台,这些就是企业最大的财富。通过消费者数据提高企业的算力,通过算力去给消费者提供解决方案,然后整合生态体系,为消费者提供各种产品和服务,围绕消费者需求提供全方位的解决方案。

参与小米产业生态圈的有几百家企业，小米在这些企业中持股一般不超过20%，这意味着在产权上这家企业可以不为小米所有，但是它必须在小米的平台上运行。对于生态圈中的企业来讲，只有参与生态化，借助小米的产品设计、渠道、供应链，才能得到迅速的发展。

同时，小米把"米粉"视作人力资本，让其参与到产品设计、产品推广、产品研发过程中，在物流生态圈、产品生态圈、信息生态圈之外，又构成了一个人才生态圈。有时候小米一款产品的研发可以发动数百万网友一起参与，研发完可以当场下单，基本上可以实现先消费再生产，而不是先生产再消费，这就是互联网时代新的C2B模式。小米经营的是用户价值，而不再是简单的产品。小米的发展，越来越彰显出一家企业拥有的最重要资产是用户数据，是与用户的连接，是用户的体验价值。

四、增长路径：供需一体化，融合式用户链+开放式产业链

包政教授预言：无论供应者是厂家还是商家，未来竞争的制高点一定是在社区商务。谁能率先构建产业社区，谁就能赢得未来，并成为产业价值链的整合者或组织者，真正给予消费者美好的生活体验。他同时说，这一点也适用于电子商务或互联网企业，无论其今天多么红红火火，都必须努力去构建产业社区，不

然，就会像农贸市场一样迅速衰退，衰退成一个电子化的农贸市场。其中的道理很简单，消费者需要的不只是便宜货，互联网手段只能降低成本，减少门店和广告费用，不能改善产品的性能以及消费过程的价值体验。互联网企业更不能消除信用和价格两方面的损耗。

百果园是构建供需一体化产业生态的典型范例。百果园给自己的定位不是一个简单的零售商，而是一个以水果产品为核心的产业生态商。百果园致力于做更好吃的水果，这就不仅仅是卖水果，也不仅仅涉及渠道，而是要打造好吃的水果的产业生态。这就必须抓住六个产业生态要素：一是全球基地；二是优选品种；三是生态种植；四是科学采摘；五是冷链保鲜；六是严格标准。

百果园为其生态布局打造了三个生态：一是渠道生态，建立线上线下渠道；二是产品生态，构建一个优质的产品生态体系；三是赋能生态，经过长期积累能获得消费者需求、偏好等数据，还能获得种植、科技的数据。种植的赋能是帮助果农更好地生产，资本的赋能是提供管理服务体系。至此，百果园完成了从传统的水果零售商到产业生态商的转变，围绕为消费者提供好吃的水果，进行产业生态链的链接、管理与赋能。

观察那些成功的产业生态组织者，它们一般的做法是，打破大而全、小而全的产业链格局，先期构建产业策略联盟，把互联网企业、骨干企业以及相关合作者拉到联盟中来，率先利用某种技术平台，构建供需一体化的关系体系，构建产业社区。

在构建供需一体化的过程中，有的组织者从需求端出发构建社区，有的从供应端出发构建社区。从需求端出发，是以用户价值为中心，催生一些与用户价值密切关联的平台，蔚来汽车的品牌生态圈就是一个代表。

在电动化、智能化、网联化、共享化的趋势推动下，汽车产业早已不再局限于传统的研发生产模式，产业生态建设愈发成为各大汽车企业竞争的新利器。各大汽车企业围绕"汽车"这一主体，使出行生态圈、用户服务生态圈、智能网联生态圈等环环相扣，构建起立体化的汽车生态圈。

蔚来汽车生态圈的核心是走进用户的生活，构建蔚来汽车品牌社群，持续不断地在连接用户方面大手笔投入，这种投入慢慢见到了效果。在蔚来汽车的用户看来，蔚来汽车所构建的汽车社群是一个正面的、积极的、能满足彼此社交需求，甚至能满足情感需求的社群。这些用户不仅使用蔚来汽车，接受全周期的服务，也使用其线上商城购买各种汽车周边产品和生活用品，融入蔚来汽车的用户生态，并不断地将身边的亲朋好友引荐到这个生态圈。

蔚来汽车用户运营是其独特优势及护城河，主要通过蔚来 App 建立及维系用户关系。2018 年蔚来 App 注册用户只有 76 万，近几年增长显著，目前已达 160 万，日活跃用户超过 15 万。用户在蔚来 App 中可添加朋友或追踪其他用户，发布文字或图片，内容多数与蔚来汽车相关。例如很多车主会发布车主日记，分享自驾游经验。另外，车主可报名参与在不同城市举办的线下活动，也可以到不同城市的蔚来中心（NIO House）享受设施及参加相关活动，包括年度的"蔚来日"（NIO Day）大会、"蔚来之夏"（NIO Summer）等。

蔚来App还设有网购平台（NIO Life），用户可购买食品、衣服鞋子及其他产品。值得一提的是，在蔚来汽车社区中，创办人李斌等高管都很活跃，还有供应商与用户互动。蔚来汽车很看重服务，以用户服务为核心策略，通过线上社区及线下活动不断增强用户与企业的联系。

从企业运营角度来看，蔚来汽车已经形成用户的生活方式和汽车产品生命周期双重运营的商业模式。这种模式可以定义为广义的品牌社区，即以智能电动汽车的功能和品牌价值聚集用户，再以线上社区、线下活动作为连接用户的载体，融入汽车产品生命周期中的售前、售卖、售后、二手交易以及对应的服务，从而形成的具有独特品牌价值观的社区服务生态。

有的产业社区的构建是从供应端出发，实现用户价值，生态分工更细，专业化更强，各利益相关者接入生态链更便利。丰田是生态化战略的早期践行者。作为主机厂，丰田和很多供应商、渠道商都建立起合资企业，相互交叉持股、共进退，这种围绕主机厂的价值网络推动了复杂、开放的汽车产业生态圈的形成。丰田能够实现零库存，有两方面的原因：一方面是因为它的精益生产模式，另一方面是它的供应链系统和经销商系统完全打通，供需一体化运营。丰田汽车具有强大的全球竞争力的原因就是整个生态链可以形成战略生态联盟，然后和其他的生态链进行竞争。丰田背后有三井财团的支持，可以为全球不同地点的所有供应商提供各种配套服务。有了全球化的汽车产业生态，丰田才能做到全球汽车销量第一。

腾讯采取开放战略，与合作伙伴共同构建共赢的生态圈，囊括互联网金融、娱乐、出行、医疗、教育、本地生活和O2O等多个领域。2018年腾讯总裁刘炽平在腾讯投资年会上透漏，腾讯投资的企业数量总计超过800家，其中70多家已上市，160多家是市值或估值超10亿美元的独角兽企业。有15家企业创造了超过10亿美元的回报，有6家企业创造了超过50亿美元的回报，还有1家企业创造了超过100亿美元的回报。

腾讯生态的基石是"社交+内容"，社交相当于自然生态系统中的土壤，内容相当于自然生态系统中的森林，其所投资的多场景生态业务就是不同植被和食物，能够从生态系统中获得所需要的流量、内容、技术等，具有足够的自由度和灵活性，能最大化实现商业价值。

腾讯的投资也是按照这种生态逻辑进行。第一类投资是为了形成具有控股地位的平台生态型企业，比如腾讯音乐、阅文集团、微众银行。第二类投资是为了在核心垂直市场里有可以和腾讯实现产业联动的企业，最典型的就是京东、美团、滴滴出行、58同城、拼多多。第三类投资能帮助腾讯在其主营业务垂直产业链中，获取更大的生态价值以及稳固护城河，比如投资游戏、内容领域。第四类投资是针对未来重大科技前沿新型领域，比如互联网汽车、互联网医疗、量子计算等。腾讯通过投资布局，不仅可以专精于自己擅长的业务，而且可以与合作伙伴构建生态链，按照用户需求提供多维度、多场景的业务服务。

包政教授认为生态社区的形成能做很多提高效率的事情，包括社会资源的有效利用和客户价值体验的大幅提高，并使传统产业的效能充分发挥出来。移动互联网对消费者而言，是一种生活方式；对企业而言，可以通过有效的营销及沟通手段，把远在天边且志趣相投的人吸引到共同的生态社区中，构建起规模化的一体化商务关系。

那些优秀企业站在生态社区及其商务关系的基础上，根据生态社区消费群的要求，反向整合产业链，成为产业生态组织者。或者说，它们引导乃至组织产业生态中的各个企业，共同为特定的生态社区及生活方式作出贡献。

五、竞争策略：快速构建系统性创新价值

企业身处不确定性高、变革快速、需求多元的立体市场，生态化战略彰显了系统性创新的巨大优势。发挥具有不同知识和能力的合作伙伴的潜力，引导资源配置，动态协调，从而推动创新和改进，实现生态圈的共同目标。企业要形成"内在核心能力＋

外在生态优势",发挥内外双轮驱动的战略优势。越来越多的企业开始寻求更具生态意义的发展方式,建设广泛而有活力的生态伙伴网络,增强自身竞争优势。

赛力斯的业务涉及新能源汽车及核心三电(电池、电驱、电控)、传统汽车及核心部件总成的研发、制造、销售和服务。2019年1月,赛力斯前身小康集团与华为开展战略合作,双方借助各自优势资源,共同打造高性能、智能化移动出行解决方案,给用户提供更加高效便捷的智能汽车产品和智慧移动出行体验,开创了汽车企业与ICT企业联合、业务深度跨界融合的先河。

双方彼此赋能,在核心技术、产品及渠道方面的合作不断深入,赛力斯的产品力和品牌力都得到了显著提升,成为新能源整车市场上一匹实力强劲的黑马。2022年,赛力斯与华为合作的AITO问界M5及问界M7上市之后都受到热捧,其中问界M5在发布当月销量超过1万辆,问界M7在发售48小时内预订超过5万辆,对售价30万元以上的大型SUV车型来说,这样的成绩可谓惊人。

赛力斯与华为强强联合展现出来的"双剑合璧"效应,体现出了生态化战略的优势。生态化战略在促进联合学习方面非常有效。双方工程师远程与现场联合研发作业,赛力斯专注研发高端车,尤其在增程和纯电双技术路线的研发上具备竞争力;华为在智能科技方面非常领先,如华为鸿蒙系统能够为问界M5、M7

提供最佳智能座舱体验，助其成为爆款，使 AITO 品牌成为快速成长的智能电动汽车品牌。

一个成功的生态社区将许多具备不同能力和专业知识的伙伴结合在一起，创造出大量新知识，其进化速度快于任何参与者单独学习的速度。通过跨界合作优势互补，赛力斯极大缩短了推出问界 M7 所需的时间，仅用一年多就将两款主力车型推向市场，足见"双剑合璧"战斗力之强大。

如何让产业生态有活力？如何快速构建系统性创新的优势？彭剑锋教授以华为的生态构建为例，认为至少要从四个方面入手：一是围绕生态化战略方向，开辟新的价值来源。二是建立基于生态的业务架构体系，围绕发展路径搭建生态体系。三是构建生态的治理机制与政策体系。四是构建基于生态的端对端运营体系。

笔者在彭剑锋教授观点的基础上，为快速构建系统性创新价值提供以下建议。

第一，创造新的产业价值。找到产业机遇和创新的原点，思考增量在哪里、原有市场是否存在、别人为什么愿意与我们合作、如何盈利等问题。要形成生态化战略的价值主张，找到自己的长板，并将其平台化。企业必须通过开放合作、协同创新，去创造新的客户价值，赋能伙伴。如苹果创造新的产品组合 iTunes 与应用商店 App Store，吸引了无数创作音乐、视频等应用的伙伴，为 iPhone 或 iPad 等硬件提供新功能。产业生态组织者同时还要明确自身和其他企业的业务边界，不能大包大揽，而要使生态圈中的各个伙伴最大限度发挥各自的长板能力，然后通过链接构建一个共生的生态平台。

第二，构建清晰愿景和业务架构。一个产业生态的组织者必须要为整个生态建立业务架构体系，要成为生态伙伴的引领者和赋能者，要基于核心产品或者平台与合作伙伴协同创新，共同面向市场。在磨合的过程中理解生态伙伴的真实需求，进一步深入设计交易结构与合作模式。通过帮助生态伙伴取得成功发挥标杆作用，并与更多的潜在生态伙伴完成链接与交互，形成模式的复制，随后持续迭代，使产业生态保持创新活力与创新优势。关注每一个参与伙伴的贡献，要对生态伙伴进行分层分类。只有打造一个让所有生态伙伴都能够协同创新的架构体系，才能真正构建一个生态圈。

第三，完善共同治理机制和政策。产业生态构建最核心的一点就是必须能保障合作伙伴的利益，同时制定公平、透明、有竞争力的利益分成政策。做不到这点，产业生态就没有足够大的吸引力，难以吸引合适的生态伙伴加盟。要培育潜在的合作伙伴，比如华为通过打造伙伴大学、采用培训认证体系等，把那些潜在的合作伙伴纳入自己的生态体系。要能够赋能伙伴，将客户转化为伙伴，使伙伴能不断提升能力。要通过各种政策、各种机制去平衡好各方的利益关系，打造合作共赢的业务理念、运营体系与企业文化。只有完善共同治理机制和政策，才能真正构建产业生态体系。

第四，构建端对端生态运营体系。要设置专门的机构负责生态运营管理。要有专人对口负责生态端对端的需求，确保核心战略伙伴参与生态合作的一体化体验。同时，要设定合理科学的考核指标，牵引生态拓展，激发运营团队的积极性，使数字化的生态运营平台持续发展进化，提供创新价值。

通过以上四方面的提升，一个企业才能真正构建起具有竞争力的产业生态优势，使生态体系公开透明，各方参与者都能够共同成长、共享利益。企业一旦构筑起这样的生态圈，它的竞争优势和创新来源就不再局限于企业内部，而是扩大到企业所在的产业生态圈。

六、核心能力：多元要素整合，全球资源运营

采取生态化战略的企业，核心能力不仅是支撑企业内部业务运作，而是要上升到平台化能力，将能力延伸到企业外部，服务于生态社区内的众多企业。随着企业规模的扩大和组织边界的拓展，组织能力的平台化和员工能力的职业化越发重要，因为很多企业行为代表了行业行为，很多员工行为会直接影响公众态度。

不管是古代还是现代，不管是军队还是企业，组织达到一定规模后，组织管理都会被空前重视。战国时期吴起撰写的《吴起兵法》不同于《孙子兵法》，《孙子兵法》重战略，《吴起兵法》

重管理。两者的不同缘于环境的发展，孙武身处春秋时期，国家军队三五万人，战争持续三五天，在这种情况下，将帅的战略决策就很重要。而到了吴起所处的战国时代，国家军队十几万人，战事往往持续几个月甚至一年以上，在这种情况下，将帅的管理能力就很重要。

《吴起兵法》对于管理的认识有其独到之处，以"内修文德，外治武备"为总纲，"文德"是内部管理，目标是建设人才梯队，创造出一支意志统一的力量，并加以武艺训练和思想教育；"武备"则是给这支力量配备优良的武器铠甲，全面强化军队作战能力。

身处立体市场环境的企业，大多是公众公司形态，组织能力外显化、平台化，利益相关者更复杂，接受来自各方的审视和评价，对专业化、职业化程度要求更高。

组织能力的内核是组织文化。2019年11月11日，腾讯提出了新的企业愿景和使命——"用户为本，科技向善"，并将企业价值观更新为"正直、进取、协作、创造"。无论是从腾讯自身价值观升级的角度，还是反思科技发展带来的负面影响，提出"科技向善"都是在表明一种态度：腾讯要以"善"为准则接受公众监督，承担更大责任。

腾讯在连接人、数字内容、服务的基础上，将进一步探索更适合未来趋势的社交、内容与技术的融合，并推动实现由消费互联网向产业互联网的升级。支撑腾讯从消费互联网到产业互联网战略升级的力量扎根于社交和内容的流量赋能，基于多年战略投资并购形成的资本运作能力以及强大的底层技术研发能力。腾讯将生态平台赋能、服务与技术赋能、流量赋能、软实力赋能作为自身核心能力，促进产业生态持续健康发展。

第一，生态平台赋能。利用开放共享的生态平台系统为被投资企业提供商业机会和交易空间。

第二，服务与技术赋能。2018年腾讯成立腾讯云与智慧产业事业群（CSIG），整合了云能力、数据能力、安全能力、AI能力，将其一体化地输出给合作伙伴。腾讯的底层技术架构可为各行各业提供优质的数字化服务。

第三，流量赋能。任何生意最后都是要面向客户的，客户端流量是腾讯的优势所在，能开拓企业端到客户端的通道，实现超级增长和闭环赋能。京东获得了腾讯微信的流量加持，得以跻身电商第一阵营。

第四，软实力赋能。腾讯基于自身20多年成长背后的能力积淀，输出行业洞察力、战略规划、人才管理、组织管理等经验。腾讯咨询事业部为腾讯生态链企业提供股权、战略、组织文化、领导力等方面的管理咨询服务。

彭剑锋教授认为中国企业做大做强的关键问题是产业生态环境能否得到优化，产业的规则和秩序能否得到确立，整个产业能否健康发展。一个产业能否健康发展，关键在于能否产生真正的产业领袖，来引领整个产业的系统变革与创新，推动产业的升级换代。彭剑锋教授提出了产业领袖的六大核心能力标准，为中国企业创造产业生态指明了方向。

第一，引领产业健康成长的战略思维。仅仅拥有规模优势的企业，还无法担当产业领袖的重任。产业领袖必须具备领先的产业发展理念，不仅能站在企业的角度思考战略问题，还能够站在整个产业的角度来思考战略问题，以及企业战略如何同产业战略相匹配等问题。产业领袖的价值主张一定要顺应社会经济发展的潮流，有利于整个产业的持续健康发展。例如，农牧业中的产业领袖一定要强调食品安全问题，石油、矿产、电力产业则要强调保护环境的价值主张。

第二，企业管理实践模式成为行业标杆。一些企业在发展过程中，虽然形成了很多独特和看似有效的管理模式和方法，但如果这些管理模式很难被其他企业学习和模仿，就说明企业本身的管理模式和经营模式并不成熟，只能算作企业自身的"诀窍"或"技艺"。因此，产业领袖的另一个重要特征是，企业最佳管理实践成为行业标杆，能够被行业里的其他企业学习和模仿，能够帮助同行和利益相关者成长。产业领袖要承担起经营管理模式创新的责任，发展和完善企业自身的经营管理模式，并且这些模式能够不断被总结、提炼、复制。如丰田的精益管理模式和通用电气的"六西格玛"模式就可以推广到全世界，甚至竞争对手也能学习。

第三，领先的技术研发和转化能力。为什么很多企业规模做得很大，但仍不能成为产业领袖呢？就是因为企业缺乏核心技术，产品和服务无法同其他企业形成差异化，容易被其他企业超越。任何一个产业领袖都必须真正基于客户需求打造产品和服务，并保证产品和服务是差异化的。产业领袖不能依靠单方面的优势获胜，一定要有技术上的核心竞争力，真正形成研发和创新方面的实力和优势，并能够把研发和创新的成果迅速转化和应用，不断推出满足客户需求的各种产品组合，加快产品更迭的节奏，真正形成差异化优势。

第四，产业一体化解决方案能力。产业领袖不再是产业价值链的某一个片段，或者单纯体现某个价值链环节的优势。它要么代表整个产业的格局，拥有完整的产业价值链，要么掌控产业链的关键技术环节。产业领袖要能够为用户提供全面、系统的解决方案和服务，具有为客户提供一体化解决方案的综合素质与能力。

第五，全球市场资源最优配置能力。首先，产业领袖的资源不会仅仅局限于本土市场，其能够充分利用全球市场，配置和优化资金、人力等企业发展所需要的关键资源。其次，产业领袖一定是产业优质资源的掌控者和提供者，并能实现资源的最优化配置。真正的产业领袖必须要做到将资金、信息、人才、物流等资源在全球范围内整体配置，真正利用全球化的优势，形成引导产业持续发展的能力。

第六，战略性产业并购和整合能力。这种能力包括两个方面：一是能站在整个产业良性发展和整合的角度，运用资本杠杆进行并购重组，而不是单纯地进行战术性并购。二是具有极强的文化与人力资源的整合能力，在并购的过程中，不仅能够完成组织与财务的并购重组，而且能够完成文化与人才的整合，输出文化与管理理念，获得被并购方的价值认同。

第十一章

员工职业化驱动型组织：
激发个体价值创造活力

立体市场中的生态型企业，价值链条越来越长，行业知识密度越来越高，企业拥有一流员工是成功的关键。生态社区中的企业都是一个个独立的实体，没有行政隶属关系，它们有着多元化、差异化的企业文化，对每一个员工的能力要求都是极高的，为员工提供足够的职业化训练，培养真正有价值的复合型人才。

生态型企业的组织呈现网络化、平台化、扁平化、去中心化。员工以赋能平台为依托，在不同的合作伙伴间流动以提供服务。组织从垂直管理转变为涉及内外部利益相关者的网络管理，网络越密集说明个体被需要的场景越多，价值贡献越大。

生态型企业间的业务运行基于市场服务协议与信息网络协同，业务数据流承载着信息流、资金流，资金流调配着物流，这种市场化组织运行方式实现了价值创造的网络放大效应。

在员工职业化驱动型组织中,人与组织不再是管理控制和单一利益的关系,人与人之间不再是简单的竞争关系,而是形成命运共同体的协作关系。每个员工都以卓有成效作为最高工作标准,一群职业化的平凡员工,就能做成不平凡的事业。

一、梯队能力:员工职业化,从竞争驱动到能力驱动

一个引领产业生态发展的企业,拥有产业领袖的眼光、战略与产业生态视角,能够融入并引领产业发展潮流。它拥有行业最佳实践的工作方法,企业制度与流程规范,员工的职业化与专业化水平高,研发创新能力强。它拥有行业前瞻的价值观,能够站在产业引领的角度看待事物价值,并拥有经受住历史考验的正确认知。

苹果的人才理念是找到真正的杰出人才,而不是平庸的员工。杰出人才对工作有超高的专注度,而且杰出人才和平庸的员工差距不是几倍,而是几十倍。苹果创始人乔布斯曾经说:"我过去常常认为一位杰出人才能顶两名平庸的员工,现在我认为能顶 50 名。"

组织越来越强调个体价值创造,平庸的员工只有苦劳,没有功劳,也就是说其没有掌握方法论,工作绩效结果不好。举个例子,三个人种树,一个人在前面挖坑,另一个人在后面填土,却没有人把树栽到坑里。有人问他们为什么不把树种进去,前面的

人说他的职责是挖坑,后面的人说他的职责是填土,而种树的人请假了。这就是典型的只有苦劳没有功劳。

平庸的员工畏首畏尾,不敢担责。他们基本上就是完成自己的本职工作,不愿超越自己的职责范围承担更大的责任,不能够快速成长,挑战更高的目标。

平庸的员工没有解决问题的思路。这是很多员工面临的普遍问题。员工不能只是提出意见,还要能提出解决方案,这就需要企业进一步培养员工的职业化素养。

赫尔曼·阿吉斯(Herman Aguinis)和欧内斯特·奥博伊尔(Ernest O'Boyle)的研究表明,组织内大多数员工的个人表现呈现幂律分布而不是正态分布。他们解释说,并不是由大批平均水平的员工通过数量优势作出主要贡献,而是由少数杰出人才发挥超强能力作出主要贡献。人才幂律分布突显了人才密度的重要性,人才密度是一个组织中杰出人才在全体员工中所占的比例,杰出人才越多,这个组织的人才密度就越高。

任正非先知先觉地关注到人才密度,并且指出了这个指标对于人效的重要性。他在《华为的冬天》这篇文章里谈道:"一个企业最重要、最核心的就是追求长远地、持续地实现人均效益增长。当然,这不仅仅是当前财务指标的人均贡献率,也包含了人均潜力的增长……"他所谓的"人均潜力"就是人才密度。

奈飞的创始人、CEO 里德·哈斯廷斯(Reed Hastings)也强调人才密度。这一理念源自他第一次大批裁员的经历。2001 年春,奈飞面对互联网经济泡沫举步维艰,不得不裁掉了绩效表现稍差的 1/3 员工。而在几个月后的圣诞季,奈飞的 DVD 邮寄业务迅速增长,剩下的 2/3 员工圆满完成了任务。在这个过程中,员工的工作量增加了,工作时间延长了,但所有员工都表现出前所未有的高涨情绪。

哈斯廷斯意识到,当企业只留下杰出人才时,人才密度就提高了。他发现,杰出人才林立的团队会产生极强的集聚效应,杰出人才会互相学习、互相协作、互相激励,产出极高的个人与团队绩效。而团队中只要有一两个平庸者,整个团队的绩效就会被拉低,迫使其他人围绕着平庸者开展工作,团队被迫进行低水平交流。更严重的是,如果允许平庸者继续留任,就相当于向其他员工表明企业接受平庸,这会导致团队持续走弱。

字节跳动的创始人张一鸣也信奉人才密度的理念。他主张提高人才密度,增加具有广阔视野、良好价值观、知识和能力的人才的数量。如果对所寻求的人才缺乏了解,公司的规则将不得不非常详细,但是如果面对一群高素质的人才,规则可以变得简单。他将此总结为:与杰出的人一起做有挑战性的事情。

生态型企业要真正实现创新驱动与人才驱动,组织氛围要鼓励员工创新,尽情发挥内在潜能与创意,释放各种各样的正能量。提高人才密度,培养杰出人才,提升员工的职业化水平,形成健康的人才供应链,可以从以下三个层面入手:

在员工层面上,重新定义人才能力。以企业战略方向校准人才培养方向。定义好关键人才，关键人才是真正落实差异化战略的员工，是真正影响企业战略绩效水平的员工。关键人才身处关键位置、关键领域、关键环节，是企业战略的推动者和实践者，抓好关键人才是推进企业核心能力建设向纵深发展的突破口。让每个关键人才能够在企业最大化成长，有清晰的职业规划，并且在组织的引领下走在上坡路上。

在组织层面上，打造知识管理体系。要让员工工作有方法，遵循有效的方法论。通过知识萃取、沉淀，形成企业的战略思路，让员工能够快速学习，高效补给员工能力。这是互联网时代人才培养的最佳方式。好的企业文化能够让员工真正地快速成长，迅速地提升员工的职业化程度。一般情况下，企业在并购时派一个财务总监和人力资源总监就可以了，而链家2015年收购中联地产时，为了打入深圳市场，从总部和全国分公司派出了约500名员工。为什么不派出干部而要派出员工呢？因为链家的员工训练有素，他们相信用链家的打法能成功，用链家的价值观能成功。果然，派出的员工助力深圳市场发生了质的提升。

在工作层面上，在战斗中学习战斗。员工要有结果导向，用实力去证明自己。员工要能够牵引工作，用"二八原则"做事，要能从根源上解决问题。通过组织结构的调整，让人才拥有更多实战机会，员工学习到的知识只有放到实战场景中才能被激活。哪个企业能为员工营造更多的实战场景，哪个企业就能获得更多的回报。

二、组织形态：关系型组织，共同价值观下的超级联盟

关系型组织以契约关系的建立和维持为基础，依靠外部机构进行制造、销售或其他重要业务的经营活动。生态社区中的各经营单位之间并不一定有正式的资本所有关系和行政隶属关系，只是通过相对松散的契约纽带，透过一种互惠互利、相互协作、相互信任的支持机制来进行密切的合作。

生态化战略使产业组织者有机会领导复杂的合作伙伴网络，从而使生态社区在创新、交付产品或解决方案方面，比单一的企业更有效。生态社区中的合作伙伴依靠协议、股权等组织起来，在运行中遵从一些显性规则，即产品和服务标准、行业管理规范等；还有一些隐性规则，即彼此之间通过默契合作形成的一些共同价值观。

一个平台能将生态社区内的企业彼此连接起来，形成网络，便于协调与共享价值，这个平台就是增强生态关系的支持架构。例如，主机厂主导汽车产业生态集群，主机厂使拥有不同能力和技术的公司汇聚在一起，彼此之间能够互相协作、分享知识、激发创新，形成产业联盟。

关系型组织把部分活动外包，因此，公司的管理机构精干高效，负责监管公司内部的活动，同时协调和控制与外部协作机构之间的关系。上海市政府引进特斯拉独资建厂，提供低价土

地、低息贷款的优惠条件，那么上海市政府所图为何？引进协议中要求特斯拉三年内完成所有配件国产化，未来特斯拉的配件国产化率要达到100%。这意味着在上海市将产生一条完整的高端智能电动汽车产业链，包括底盘、电控系统、电池、自动驾驶套件等的生产制造，而这些国产化配件也可以提供给国产智能电动汽车。

特斯拉拥有最先进的汽车生产线、自动化程度最高的特斯拉超级工厂，能为上海市提供发展智能电动汽车生产线的经验。特斯拉是全球创新型企业的标杆，拥有大量先进的技术理念和特立独行、大胆创新的企业文化，将给上海市乃至中国的汽车产业生态相关企业带来庞大的规模效应和技术优势。

生态型企业的特点是有强大的平台能力，利用某一个专业化职能，或者某一个足够强、足够大的业务平台，能够整合供需双方的资源。比如，海底捞的人力资源部门逐渐发展成餐饮行业人力资源外包平台。由于海底捞在餐饮行业具有强大的影响力，有很强的培训员工能力，很多餐饮企业相信海底捞培训的员工能够给它们带来更大的价值，所以愿意把员工培训外包给海底捞的人力资源部门，于是海底捞就建立起了一个人才培训生态平台。

生态型企业的平台能力的核心还是专业化，实际上是企业某个足够专业化的功能的外部化。例如某企业是一家新能源综合解决方案服务商，其电池检测业务非常强，全国很多厂商都找它进行电池检测，该企业就形成了一个全国共享的电池检测平台。该企业凭借在工业4.0智能化自动生产线方面的优势,给苹果公司打造了全自动的电池生产线,很多企业都相信它的技术。该企业逐渐开始对外承揽一些自动化生产线制造业务,通过某个功能的外部化逐渐成为一个智能制造产业平台。

三、组织运行:市场协同,从书面契约到心理契约

生态型企业间难以做到像一家企业那样高效。因为在一个企业中,可以做到统一指挥,最大限度实现对各项工作的调度,在流程上实现无缝对接。在企业内部可以采取行政手段直接干预某项工作,企业内部长期磨合形成的企业文化也在不同部门的协作中起到了润滑作用,每个参与者的能力都与岗位匹配,内部运营效率往往大于外部协作效率。

一些企业通过在内部启动市场化机制来协调运作,建立转移定价体系来管理企业内部交换,期望在保持协作效率的同时,也能获得更大的灵活性。海尔是企业内部生态化的典型,不断推动企业走向"企业平台化、员工创客化、用户个性化"的变革路径,从传统科层制组织走向内部市场化组织,激发了组织活力,释放了员工的创新热情。

海尔的转型之路是一次大胆的颠覆,把组织原来的金字塔结构转变为面向市场的"倒金字塔"结构,也改变了传统雇佣制度,让员工成为自主经营者,使企业内部关系市场化。海尔将约

70 000名员工按照"人单合一"的机制，形成2 000多个自主经营体，包括直接按单生产、营销、服务的一级经营体，为一级经营体提供资源和专业服务的平台经营体，以及负责创造机会和创新机制的战略经营体。自主经营体是自主经营、自负盈亏的独立组织，这让企业内部人人都是价值创造者，营造了一个充满竞争和生机的经营生态，是企业内部市场化的一次有益尝试。

这种企业内部市场化仍然把大部分关键活动限制在企业内部进行，与在公开市场上竞争的外部供应商相比，内部各部门的能力、创新和效率可能较低。要解决这些限制，企业还是要致力于打破企业边界，在垂直整合企业内部诸多优势的基础上，开放连接外部产业链，与全球具有其他长板能力的企业合作，取长补短，创造更大的产业生态价值。在具体实践中，企业可以通过以下做法发挥生态社区的更大价值。

第一，企业间可以通过生态交易契约降低交易成本。传统的标明具体行动、可交付成果和固定价格的企业间合同会成为难以实现的任务，不足以保证生态伙伴之间有效合作。生态伙伴间应签订侧重宏观层面、具备灵活性、对整个生态社区保持公平、明确如何解决争端的合同。例如，东风小康于2016年成立了"三位一体"的汽车产业"超级联盟"。"三位"就是超级主机厂、超级经销商、超级供应商，"一体"就是以用户为中心，为用户提供优质的产品和服务。在市场不确定的情况下，无论市场行情好坏，东风小康"超级联盟"都站在一艘船上，共同抵御市场风浪。东风小康除了发挥赛力斯和东风汽车双方股东的优势资源，也把"超级联盟"的经销商、供应商捆绑在一起共享优势。2020年，东风小康销量已在东风汽车十多个合资品牌中位居第三，在东风汽车自主品牌中位居第一，并培育了超过400万终端用户的市场。

第二，生态型企业之间共享隐性知识，让生态伙伴更智慧。当生态社区内需要交换复杂的隐性知识技能时，合作伙伴之间的互动交流就变得具有挑战性。这些复杂的知识难以落在纸面，往往存在于掌握这些知识技能的人员头脑中。这就需要帮助生态伙伴打造隐性知识交流接口，让这些知识技能在生态社区内流动。

赛力斯与华为深度跨界业务联合后，共同打造了高端新能源汽车品牌AITO。华为不仅参与AITO的产品研发，还把智能座舱、智能驾驶方面的先进技术引入其中，更为重要的是，赛力斯借助华为遍布全国的销售渠道，将AITO汽车引入华为体验店销售。赛力斯在重庆的两江智慧工厂也引入了华为的产品质量管控体系，在管理流程上向华为学习，提升产品质量和制造体系能力。华为派出大量研发技术人员和相关专业人士入驻赛力斯，与赛力斯相关人员共同研发，共同解决新品牌爬坡期交付难题。

第三，建立生态伙伴之间的信任机制。产业生态社区参与者之间充分信任，可以避免代价高昂的保障措施，也会降低交易成本，并能提升参与者之间的协作效率。企业间可以通过长期合作互动积累信任感，通过深化双方文化契合度形成一种可预测、可证明的心理契约。

华为和赛力斯的合作起初是技术层面的交流合作,双方对彼此技术积累非常认可。在双方高层深入交流时,华为对赛力斯的企业文化纲领文件《小康发展基本法》非常看重,对其提出的"以用户为中心的1+5智能生态战略"体系非常认同,认为华为与赛力斯的战略理念、文化价值观非常契合。针对两家企业的跨界合作,华为常务董事余承东不止一次表达对赛力斯的赞许:"张兴海董事长有很敏锐的感觉和决断,非常果敢、有魄力,在华为受到美国制裁的时候,仍然果断地选择和华为深度合作,这样的精神令我印象非常深刻。事实证明,其团队是非常有战斗力的,这跟华为很像。"

四、管理机制:缔造命运共同体,共创未来,共享成长

产业生态社区是一个共创共享的系统,生态社区企业必须创造比任何单独企业更多的价值,生态社区必须把利润蛋糕做得更大,然后才能分蛋糕。产业生态社区的治理机制本质上是事业合伙人机制,这个机制一定要以增量分享为前提。华夏基石产业服务集团CEO张文锋曾举例:"假设A企业自己经营能获利10亿元,B企业自己经营也能获利10亿元,如果两个企业合伙只能获利20亿元,那么A、B企业肯定无法合伙,因为没有增量。构建生态社区的目的很简单,就是多获利。如果没有增量,A多

获利的钱是 B 的，或者 B 多获利的钱是 A 的，至少一个企业吃亏，那么合伙关系迟早瓦解。生态社区一定是建立在多方共赢的基础上。"

产业生态社区组织者要想从生态社区中获利，必须发挥自身独特的长板能力。这个长板能力要符合普拉哈拉德（Prahalad）和哈默尔（Hamel）关于企业核心能力的条件：必须是有价值的、稀有的、不可替代的和难以模仿的。长板能力表现为生态社区其他成员必须为此支付费用，可以是一款必不可少的组件、一系列专利、一种服务或一个平台。例如，英特尔依靠其芯片在计算机产业生态中占据一席之地，安谋国际科技股份有限公司（ARM）提供其专有的低功耗芯片架构，微软的操作系统在行业中一家独大。华为在进入汽车领域后，依靠其在 ICT 领域的绝对领先科技实力，推出 AITO 问界 M5 的鸿蒙系统智能座舱，该产品一上市就被誉为"汽车车机的天花板"。

产业生态社区组织者要建立一种收费机制，分享生态社区创造的价值。产业生态社区每个成员都在改善生态社区，使收入来源多样化，让收益随着生态社区繁荣而增长。例如，在汽车生态社区中加入金融服务、汽车后市场服务、汽车共享服务、汽车租赁服务、二手汽车交易服务等，扩大生态社区的过程就是逐渐繁荣的过程。不同成员贡献不同，都可能为生态社区的健康发展发挥有益作用。

链家是中国房地产中介行业的领先者，其传统盈利模式是赚取佣金，收入结构单一，而且抗政策风险能力差。链家逐步推进生态化战略，2018年贝壳找房上线，其不同于链家的自营模式，而是向同行业开放平台，共享资源信息，建设共创共享房地产交易生态。2020年8月，贝壳找房在纽约证券交易所上市，上市当天公司市值超过420亿美元。招股书显示，截至2020年6月，贝壳找房平台已经服务260个经纪品牌、4.2万家门店以及45.6万名经纪人。

传统房地产中介行业的盈利模式，多数以收取端口费和广告费为主。在端口收费模式下，绝大多数房地产经纪人需要自行支付向外部流量平台购买端口的费用，为了尽可能减少费用，他们就会录入尽可能多的信息来提高覆盖率与吸引力，这些录入的信息就存在一定的虚假成分。

针对房地产中介行业传统模式存在的弊端，贝壳找房平台创建了一个新模式，也就是经纪人合作网络（agent cooperate network，ACN）模式。贝壳找房采用的ACN模式，在遵守房源信息充分共享等规则的前提下，把整个服务链条细化，不同品牌经纪人以不同角色参与交易，交易完成后按照各角色在各环节的贡献率进行佣金分成。

ACN模式是一套行业合作机制，就是对整个交易过程中的所有角色进行分工，而角色分工的背后是利益分配。ACN模式把传统模式下的经纪人工作划分为房源方5个角色、客源方5个角色。跟传统模式相似的是，一个经纪人也可能会同时承担多个角色；不同的是，角色分工之后，经纪人专业度更匹配，承担角色越多，获利越多。在 ACN 模式下，分工机制更加合理化，经纪人可在自身擅长的领域参与多单交易中的多个环节，这在促进房地产中介行业精细分工、提高资源利用效率的同时，也有利于减少内部恶性竞争、推动良性合作，从而实现服务品质、顾客满意度的提升，解决行业虚假信息泛滥等痛点。

针对传统模式的端口收费弊端，贝壳找房取消了端口收费，主要以促成交易后的交易佣金为收入来源。这也就从根源上避免了经纪人迫于费用压力而进行虚假房源信息录入。同时，为促成交易，贝壳找房更注重的是通过技术手段提升房源真实性与线上使用体验，将楼盘字典、VR 看房、环境航拍、3D 模型等技术应用在平台上的房源中，进一步确保房源真实性与提升顾客浏览体验。

贝壳找房的 ACN 模式，就像其创始人左晖说的"做难而正确的事"，解决了行业痛点。2018 年 4 月，贝壳找房正式上线之后，引来了各种质疑的声音。对此，贝壳找房先是把链家所有真实房源都放在平台上，并表示所有后来加入的其他经纪公司都可以跟卖链家的这些房源。链家的"先干为敬"使行业将信将疑，之后慢慢有房地产经纪公司抱着试试看的心态加入了，在发现确有成效之后，外部房源也逐渐增多。

知名商业咨询顾问刘润总结道：ACN 模式把过去的零和博弈变成了多赢博弈，把"一方通吃、一方全输"的丛林法则，变成了"多方合作、做大蛋糕公平分配"的商业文明法则。

第六部分

企业进化管理

第十二章
企业进化的方式

生物进化理论认为,进化是在生物群体中实现的,基因变异、基因遗传、生殖隔离、自然选择是生物进化的四个基本影响因素。

一个生物种群中的个体拥有大致相同的基因,但也存在个体的基因差异。在一个种群基因库中,某个基因占全部等位基因数的比率被称为基因频率。在自然界中,一个物种的基因频率的改变是不可避免的,这意味着每个物种都身处自然演化的进程中。正如进化论奠基人达尔文所言:"适应良好的物种并非源于上天特别赋予、创造的本能,而是因为一种普遍法则的多次小影响,造成所有生物的进化,也就是增生、变化,让最强者生存、最弱者死亡。"

基因在传递过程中,随机出现基因突变、基因重组,导致世代或同代个体之间产生性状差异,即所谓的"龙生九子,各有不同",被称为基因变异;生物在演化中,基因由亲代传递到子代,并且保证性状的稳定，即所谓的"种瓜得瓜，种豆得豆"，被称为基因遗传；一种生物的不同种群，因地理环境隔离和生物特性差异，失去基因融合机会，慢慢分化出新物种，即"马驴同宗，但不同种"，被称为生殖隔离；适应环境条件的生物生存下来，不适应者则被淘汰，被称为生物进化的自然选择法则。

歌德曾言："星辰我们难以触及，但我们可以像航海者一样，借星光的位置而航行。"企业由一个个业务单元组成，企业全体成员拥有基本相同的企业基因，也就是核心文化。企业中的某个业务单元也会拥有亚文化，比如研发部门的创新文化、包容失败文化；销售部门的目标文化、执行文化；财务部门的严谨文化、规则文化；服务部门的客户文化、整合文化等。

一种生物以一种方式而不是以另外一种方式存在，有逻辑必然性，而这同样可以用于解释企业的演进。《第五项修炼》的作者彼得·圣吉（Peter Senge）曾经说："一个组织能够拥有长期竞争力的关键，就在于它有比竞争对手更快更好的主动学习能力和自主进化能力。"笔者参照生物进化规律，回顾曾提供管理咨询或培训服务的企业，发现企业进化也存在文化突变、业务衍生、分化成长、市场选择四大基本方式。文化突变可类比为基因突变过程；业务衍生可类比为基因遗传过程；分化成长可类比为生殖隔离过程；市场选择可类比为"适者生存"的自然选择过程。大部分企业的变革缘起这四个方面，也有企业因与优秀企业合资而实现跨越式进化等情形，当然这从某种角度看也可归类于文化突变。

一、文化突变：理念进化，引领变革

生物依靠基因突变来确保繁衍出多种多样的个体，然后再由自然环境来对这些个体进行选择。环境的变化往往是渐进式的，生物的基因突变也是渐进式的，两者的节奏默契协调。

企业进化虽然在表面上体现为业务的转型和组织的升级，但内涵其实是人对环境的认知进化和行为进化，企业进化的本质是企业文化的进化。企业文化影响行为习惯，企业文化如果与环境相适应，则会形成强大的发展牵引力，如果与环境不相适应，则会形成巨大的发展阻滞力。

企业进化不是自然而然发生的，往往起源于文化突变，也就是所谓"形势不等人，不换思想就换人"，表现为企业更换领导者、更换领头业务等重大事件。

企业领导者的更换是每一个企业最艰难、最关键的一个节点。能否选出合适的接班人，对企业的生存发展是至关重要的。新领导者所遭遇的挑战，会与之前的领导者有根本的不同，其中最大的不同，不是环境的改变，也不一定是技术的改变，而是企业发展逻辑的改变，这真正需要领导者的引领。

宁高宁曾说："过去我们经常说要靠体系，不能靠人，到现在我们越来越要相信，成功的企业还得靠人。确实是 100 个人里面可能只有一个人合适。这个人往公司里一坐，公司里的空气都变了,他的所有行为、思维、习惯、喜好,都会影响这个公司,时间越长越是这样。人太奇幻,他是企业里最大的一个生长力量,他可以发挥到一,可以到十,也可以是负的,这都不一定。"宁高宁所说的,就是企业家精神和企业家的作用。

让我们回顾商业历史上那些非常重要的时刻:1985年,安迪·格鲁夫(Andy Grove)领导英特尔放弃存储业务,进军计算机处理器业务;1993年,郭士纳带领IBM转型为解决方案服务商;1997年,乔布斯回归苹果,之后革命性地推出iPhone;2004年,约恩(Jorgen)掌帅乐高,开启回归玩具之路;2005年,迪士尼启用鲍勃·艾格(Bob Iger),推动全球化进程……这些时刻其实都是决定企业未来的关键时刻。企业胜利走过这个战略转折时刻,将重获荣耀。

萨提亚·纳德拉(Satya Nadella)重塑微软的文化基因,就是企业更换领导者驱动变革的典型案例。2014年2月,在内外部强烈的质疑声中,纳德拉出任微软第三任CEO,从此改变了微软的发展轨迹,一次次刷新了微软的绩效。2019年4月,微软成为继苹果和亚马逊之后第三家市值万亿美元的公司,重回巅峰时代。

纳德拉曾经评价比尔·盖茨"不是那种走进你的办公室夸奖你的领导者,他在会议上跟你谈论的,是你今天做错的20件事"。纳德拉的前任鲍尔默(Ballmer)的风格跟比尔·盖茨差不多,信奉的是"精确问答"(precision Q&A),高管们在和鲍尔默开会之前，需要和其团队层层推敲、反复演练，预测并准备可能被问到的一切问题，为的是做到万无一失。

比尔·盖茨和鲍尔默崇尚的"无所不知"（know it all）文化，在微软文化中沉淀下来，逐渐成为阻挡微软进步的因素。微软的严苛与封闭不仅仅表现在对外的不合作，也表现为内部部门之间互相争斗。程序员兼漫画家马努·科尔内（Manu Cornet）曾在2011年用漫画总结了微软的组织架构图，图中微软的各个部门之间举枪相对。

在纳德拉的领导下，微软将成长型思维作为文化变革的基石，从"无所不知"文化转型为时刻保持成长心态的"无所不学"（learn it all）文化，微软开始逐渐从封闭走向开放。微软创意策略分析师卡罗琳娜（Carolina）曾经总结微软的理念，就是"一切都必须在Windows系统上运行，我们绝对不能设计出在另一个平台上也可运行良好的产品"。但纳德拉接手微软后不久，就针对iOS系统开发了系列Office套件。从此，业界评价纳德拉让微软从一家"与世界为敌"的公司变为"与世界为友"的公司。

在接任CEO之前，纳德拉负责微软云计算业务，这让他更加容易看清云计算巨大的发展空间。接管微软之后，纳德拉作出了全面拥抱云计算业务的决定，开始调整微软的战略，从面向用户向面向企业转型。微软凭借Azure成为全球主要云计算服务商。

纳德拉掌权以来，微软文化从固定型思维转变为成长型思维，公司业务重点从面向用户转型到面向企业，公司的盈利重点从卖授权到提供云服务，他开启并成功运作了一场巨头的进化。

二、业务衍生：基因传承，生生不息

生物种群的个体通过生殖繁衍进行基因的世代传递，这种遗传方式能够使生物种群保持相对稳定性，并一代代强化优势基因。

无论是在业务上还是在组织建设上，企业都要构建属于自己的长板能力，并通过业务衍生，逐步拉长长板。一个企业的资源总是有限的，想做到样样通，往往变成了样样松，所以只能单点聚焦，形成核心能力。企业要做"一米宽、一万米深"的事情，通过这种方式，不仅能构筑自己的核心能力，还能使内部的利益聚焦于同一个点，从而实现"力出一孔，利出一孔"的效果。华为的技术、阿里巴巴的运营、腾讯的产品、海尔的服务是这些公司的长板能力，也是需要不断保持和提升的方面。

一个企业要多繁衍，基于核心能力衍生更多子业务，让企业的优势基因在子业务上得到良好的传承。例如，华为具有技术研发的优秀基因，它在不停地繁衍，从最初的交换机业务发展到现在"云管端"各方面的子业务，这些子业务都继承了它的优秀基因。

科技是3M公司的核心能力，2019年3M营业收入达到

321.36亿美元，其中约1/3的销售额来自过去5年推出的创新产品。3M年度新发布专利超过3 780项，平均每天产生10.35项专利，累计总专利数超过12万项。

3M拥有强大的技术平台。3M创新主体分布在51个核心技术平台，各平台研发重点分布在材料、工艺、研发能力、数字化、应用开发五个方面。来自不同行业与领域的科研人员在这些平台上进行多元化的研究，为客户提供从技术服务到新产品开发、从解决方案到流程设计的全方位技术支持，并协助建立相关的技术规范。

3M有7万多种产品、30多个事业部门，技术平台是其共享的基因。基于其中任何一项技术，都可复制衍生出多种产品。以51个核心技术平台之中的"粘接应用体验中心"为例，仅仅依靠这一项技术，3M便可研发出应用于航空航天、电子、医疗健康、汽车以及消费品等行业的多种粘接系列产品。

3M基于核心能力，从原有业务中不断衍生出子业务，基于专利技术衍生出一条条业务线，由此开拓一个个细分领域，以实现"基因遗传"，3M的做法为其他企业提供了一个很好的示范。

三、分化成长：第二曲线，双元驱动

哈佛商学院教授迈克尔·塔什曼（Michael L. Tushman）认为，当一个企业非常强大的时候，以往成功的经验反而会埋下失败的种子。企业要在不断变化的环境中持续成长，关键是建设双元驱动组织，既要确保现有主营业务的持续成长，又要培育未来可能有颠覆性创新的新兴业务。

生物进化理论的生殖隔离在塔什曼的双元组织理论中有所体现，创新业务要发育成新的"物种"，需要选择分化成长的方式。分化成长的具体实施可以采取双元组织和裂变创业的形式。

1. 双元组织，一企两制驱动成长

创新业务和成熟业务应采取不同的管理机制，创新团队以不同于总部的新管理运营模式、机制去开展全新的业务。创新业务发展初期可定位为投资经营单元，具有充分的权限，主要管理战略目标，同时在文化理念上给予创业团队充分的尊重。

立思辰早期是一家复印机销售商，以销售硬件产品为主，提供少量无差异的服务。企业采取一次性交易的盈利模式，依靠产品性能、价格来竞争，对客户需求了解较片面，与客户的交流互动有限。

2003年立思辰开展文件外包服务，这是一种"硬件＋软件＋服务"的综合服务，客户无须购买复印设备、复印纸张，也不用雇用设备维护人员，立思辰以"按张收费"的模式为客户提供文件外包解决方案服务。外包服务是创新的差异化服务，依靠服务质量和创新来竞争，依靠长期服务来获利，企业需要全面了解客户个性化需求，并且在整个产品生命周期内与客户持续交流

互动。

从专业化销售商进化为解决方案服务商，立思辰建立了双元组织架构，成立了新的文件外包事业部，两个业务组织在不同地点办公，业务隔离，并行发展。不同的事业部拥有自己的资源、运营节奏、激励机制及文化，从根本上支撑各自的战略发展。

2. 裂变创业，共创共享激发裂变

创新业务一般不是原有成熟业务的优势延伸，要明确创新业务与成熟业务的组织定位。小创新团队可采取合伙人机制，运用股权激励等手段，充分调动团队积极性。

芬尼克兹专注于热泵产品研发、制造及提供综合节能解决方案，初期为代工生产，产品出口到欧美市场，后来逐渐拓展国内市场。芬尼克兹开创独特的裂变式创业模式，先后创立7家裂变公司，创业成功率100%，其裂变式创业模式被选为中欧国际工商学院的经典教案。

芬尼克兹每年组织创业项目评选，由员工提出项目，公司主管担任评委，获得最多支持的项目胜出。裂变公司的大致股权架构为：公司创始人投资占50%的股份，新公司创始团队占20%～30%的股份，其中第一股东至少持股10%，其余是芬尼克兹员工投资持股。

芬尼克兹的裂变式创业模式诞生了7家新公司，业绩最佳的公司每年销售收入可达5 000多万元，利润700多万元，而初始投入只有 100 多万元。7 家新公司中首年最低分红为 100%，最高分红达到 400%～500%。

四、市场选择：优胜劣汰，螺旋进化

我们看一个企业是否优秀，要从两个生长周期来判断。一个是逆经济周期发展，经济下行，企业反而正向增长，这证明企业生长力很强。另一个是能穿越市场周期，尊重和适应市场规律，不断地自我变革，用增长去应对变化。

穿越市场周期是指企业历经散点市场、线性市场、全面市场、立体市场中的一个以上市场环境的过程。在长期主义视角下，穿越市场周期异常困难，但也是市场长期波动中的必然过程，同时也是市场和用户筛选成功企业的最好方式。

有的企业穿越市场周期，需经历漫长的历史进程。在技术更新慢的时期，市场变化往往也较慢，企业在一个类型市场的生存时间会更长一些。像百年企业 IBM，在 20 世纪初到 80 年代前征战制表机和大型机的散点市场，20 世纪 80 年代至世纪末，在个人电脑和小型机的线性市场摸爬滚打，21 世纪初期进入解决方案的全面市场，如今迈入人工智能与云计算的立体市场。

有的企业穿越市场周期的速度快得惊人。小米的创业从手机操作系统 MIUI 切入，在快速迭代的散点市场积累经验；在 MIUI 有足够数量的"米粉"后，小米开展智能手机硬件业务，进入高度竞争但规模庞大的线性市场；随着小米商城的建立和发展，小米形成了硬件、软件、互联网服务的"铁人三项"能力，开始进入全面市场阶段；伴随着小米全面市场的成功，小米价值生态链慢慢繁荣起来，越来越多的软硬件企业加入小米生态链，共同应对万物互联时代的挑战。小米穿越从 MIUI 到产业生态的市场周期仅用了几年时间，可谓是飞速进化。

总结那些成功穿越过全部市场周期的企业，其进化特征如表 12-1 所示。它们都穿越过四个关口，即散点市场的动态产品关口、线性市场的市场优势关口、全面市场的系统效率关口、立体市场的生态闭环关口。如果跨越不了这四个关口的任意一个，企业则会退回到上一个市场环境，停滞不前。

表 12-1 企业进化特征

市场环境	散点市场	线性市场	全面市场	立体市场
业务战略	前沿化战略	专业化战略	方案化战略	生态化战略
组织能力	企业家精神	干部实干精神	团队系统合力	员工职业化
成功要点	互联网思维：专注、极致、口碑、快	经验曲线效应：专业、规模、跃迁	核心能力延伸：黏性、延伸、复制	长板理论与网络效应：长板、连接、协调
主要关口	动态产品关口：探寻技术与市场共生的契合点；领军人物难以识别；学习型组织难以打造	市场优势关口：产能过剩；产品同质化；队伍专业度不足	系统效率关口：价值效果保证；选择客户；纳入陌生的合作伙伴；组织经历变革阵痛期	生态闭环关口：难以形成产业闭环；需求分散多变；平台竞争打擂台

1. 动态产品关口：一次成功不算成功

散点市场需求变化较快，产品更新换代迅速，企业需要不断探寻技术与市场共生的契合点。散点市场中企业的一个产品成功了，不算真正的成功，只有具备了动态创新产品的能力才算成功。前沿化企业需要具备互联网思维，只有掌握专注、极致、口碑、快的要诀，从一个契合点连续探寻到下一个契合点，才能实现连续性成长。

前沿化战略依赖企业家精神，而具有领军能力的人是稀缺人才。千里马常有，伯乐不常有。微信创始人张小龙几经周折才终于找到了他的伯乐马化腾。2005年，张小龙加入腾讯，凭借开发Foxmail的成功经验，他进一步优化QQ邮箱，让QQ邮箱成为腾讯旗下的一款口碑产品。2011年，张小龙带领团队开发出了现象级应用——微信。一个接一个社交应用产品的成功，帮助腾讯确立了移动社交的霸主地位。

拥有企业家精神的学习型组织难以打造。长期探寻技术与市场契合点所带来的不确定性，容易让人对未来心生恐惧。在散点市场，每一次探索和尝试都是困难重重，缺乏探险精神的人是难以胜任的。那么，为什么腾讯能不断打造出黑马产品呢？这并非偶然。腾讯推崇任务型组织形态，并行团队有共同的研发方向，赛马机制让优秀的产品有机会显现，并且淘汰表现不好的产品和团队。

腾讯崇尚包容和正向激励的文化，马化腾的讲话大多数时候都是正向鼓励团队，很少苛责，让更多团队有机会去尝试新的方向。腾讯拥有上下平等交流的企业氛围，讨论问题时，员工无论职位高低都敢于发表意见，大家用理性的逻辑思维来考虑问题，而不是受制于权威和职务。

2. 市场优势关口：唯有执着才能生存

跨越散点市场的企业，进入线性市场竞争，可以进一步扩大市场规模。在线性市场，供需双方博弈，倒逼供应企业乃至整条供应链降价，挤压专业化企业的利润空间，专业化战略会遇到很大的挑战。

专业化的产品集中到一个领域，随着产品愈发同质化，产能越来越过剩，其他企业进入之后，会导致产品降价促销，使存货难以控制，易发生存货偏差，进一步导致利润持续下降。利润越来越微薄，规模做不大，是很多中国制造企业都面临的问题。

如何破解低利润和规模化不足的魔咒？全球乳业赛道的领跑者伊利的做法，值得线性市场中的企业借鉴。伊利以"伊利即品质"为企业最高信条，采取专业化战略，一方面持续纵向深挖技术与品牌护城河，另一方面则在核心赛道形成规模优势的基础上横向拓宽消费者体验的应用场景。伊利的增长路径在内部被称为"两个轮子"，分别是创新和国际化。伊利的创新方式也很独特，被称为"反式创新"，即伊利与全球顶尖科研机构合作，创造全球一流产品，反向回流中国市场。消费者熟悉的安慕希希腊酸奶，就是成功引入希腊雅典农业大学研制的菌种而推出的常温酸奶，打破了高端酸奶的地域限制，有效满足了消费者对更高品质、更高营养的需求。

伊利已经初步实现研发全球化、资源全球化，正在推进市场全球化。伊利的印度尼西亚基地日产能达到159吨，与泰国基地一同成为辐射东南亚市场的双引擎。伊利在大洋洲收购了新西兰第二大乳企威士兰乳业。目前，伊利在亚洲、欧洲、大洋洲、美洲等地积极整合全球优质奶源资源，已拥有75个生产基地。伊利对品质的执着，成为其在全球市场上的竞争优势。

3. 系统效率关口：企业整体效率之困

线性市场的企业规模扩大后，有些企业延伸价值链进入全面市场。这些采用方案化战略的企业，需要打造长期的组织能力，投入技术、人员去建立体系，要和客户进行价值链研发，技术储备要超过客户，才能够给客户提供解决方案。方案化战略面临的挑战主要来自以下四方面：

第一，价值效果保证。客户衡量业务成败的标准不再是产品性能，而是整体解决方案的效果，按照效果付费。比如欣旺达给华为手机供应电池，华为要求新电池容量够大、体积够小、续航时间够长，这时欣旺达就要思考能否给华为提供一揽子的解决方案。

第二，选择客户。企业为了满足大客户的需求，通常会放弃小客户的需求，员工受到影响从而消极对待中小客户，企业面临变革推进不力的挑战。

第三，纳入陌生的合作伙伴。供应商、渠道商、竞争伙伴都能是解决方案的一分子，与陌生的合作伙伴分享资源与信息是严峻的挑战。

第四，组织经历变革阵痛期。企业在变革的过程中是很艰难的，原来用于取得成功的技能、人才结构都要发生转变。其间会有企业失败。比如，惠普原来一直销售打印机，它花了十年时间向办公解决方案服务商转型，但没有成功，仍然还是在销售单体的产品。

4. 生态闭环关口：供需一体化自循环难题

部分方案化企业进化成为行业领袖，和其他企业建立起联盟，进入立体市场成为生态型企业，逐步从经营企业走向经营产业。生态型企业主要面临三方面挑战：

第一，产业链环节缺失，难以形成一体化闭环。要想构建一个产业生态，仅有一两个长板企业是不行的，如果某一个产业环节不成熟或者技术不成熟，都会阻碍产业生态的形成。比如可穿戴设备产业，产业链不成熟，就难以形成规模从而实现商业化；细胞产业，缺少核心技术的突破与应用，只能从事利润微薄的冻存、检测业务，无法形成产业生态。

第二，需求更加多变且分散，必须持续创新跟上变化节奏。一旦产业生态的创新速度无法满足需求，产业生态就将慢慢走向没落。比如，聚美优品想构建美妆产业生态，但它的平台黏性不够，产业生态中缺少满足多样化需求的环节，没有形成自循环闭环，在受到直播以及其他综合性平台的冲击后，就慢慢地衰落了。

第三，竞争风险。产业生态一旦做大之后，就会有网络效应和规模效应，排名靠前的生态型企业才能够存活下来。所以，生态型企业必然会逐渐减少。产业生态间高度竞争，企业利润微薄，难以为继。就像干旱季节的非洲草原，整个产业生态都会"枯萎"。

无论是文化突变、业务衍生、分化成长，还是市场选择，企业进化的背后都是企业在核心价值上不断投入，并通过财务指标上的数据增长，来反映对目标的不断实现，并调整企业前进的方向。

吉姆·柯林斯（Jim Collins）说，进化是"故意的意外"，企业打造系统是"故意"的，当打造了系统及其进化机制之后，就会有很多"意外"的惊喜出现。

乔布斯也曾提出"下一个街角的美好"的发展哲学，战略不是能轻易预测的，不是在当下一眼就能看到百年之后的，而是要一步步往前走，也许在下一个街角就会发生一些不期而遇的美好。

第十三章

企业变革管理七步法

企业从一种战略状态进化到另一种战略状态，必然会在内部发生一系列活动，或者说进行一系列干预。采用何种变革方式，取决于企业的外部环境和内部能力。企业要想得到满意的变革效果，需要按照一定顺序变革，并且分清变革措施的轻重缓急，再加以实施。

纵观众多企业管理咨询项目，无论是短期剧烈的文化突变、分化成长，还是时间比较长的业务衍生、市场选择，企业变革大致要经过解冻、改变、固化三个阶段。在变革发生之前，企业是"冰冻"着的，如果不"解冻"，也许可以进行强制性、机械性的变革，但没有办法实现全员主动性、有机性的变革。这个阶段往往需要团队协同诊断和企业认知进化。也有学者用"松土"来形容这个过程，就像春天进行耕种，不经过翻土，土壤就不会变得松软，种子就很难生根发芽。

企业的进化是局部逐渐发生的，往往在高、中、基层员工中的某些人身上先展现出来。如何把各层的骨干员工发动起来就显得非常重要，这就需要建立起平行于现有组织架构的平行变革团队。高层要有企业变革委员会，中层有各部门、各单位变革领导小组，基层有各文化单位或小组。这些变革的种子不停地给身边人传播变革理念，并请外部专家授课或提供咨询辅导，让更多员工接受变革和掌握新的工作方式、方法。

经过一系列变革行动，组织架构、业务流程、激励机制会有所调整，组织的反应能力、市场竞争能力、员工素质能力会有所提升，这是一个先僵化后优化再固化的过程。就像打乒乓球一样，变换手型开始很别扭，练习一段时间之后会适应，慢慢形成肌肉记忆而固化，就会得心应手了。笔者总结了企业变革三阶段中的七个步骤，这套方法不同于传统管理咨询方法，注重在解决企业问题的同时，强化管理人员过程参与的作用，让企业变革产生深入而有力的持续效果，如图13-1所示。

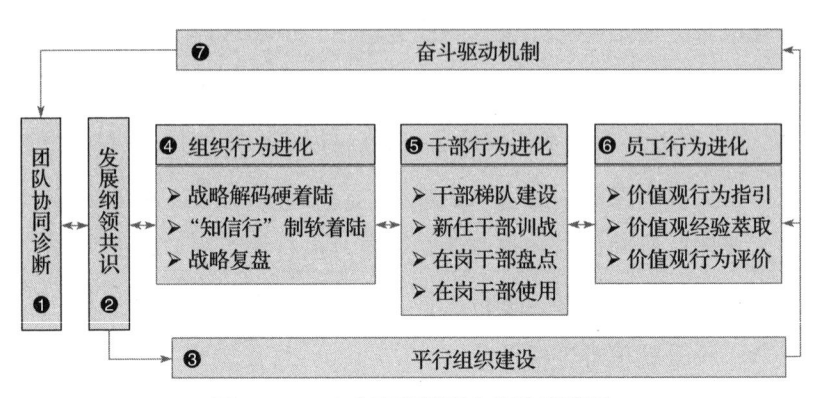

图13-1 企业变革管理七步法路线图

一、团队协同诊断：让变革需求合法化

团队协同诊断是研判未来业务与组织发展趋势，再反观企业成功经验与现实问题，进行自我批判，探寻企业发展的基本矛盾，并确定主要矛盾和矛盾的主要方面。基于未来假设和现实矛盾，借鉴标杆企业经验和企业家群体思想，以团队的方式探寻未来发展纲领的基本架构。

1. 团队协同：扩大变革同盟圈层

人们不是不愿意改变，只是不愿意被动地改变。团队协同诊断是让企业管理人员和核心骨干参与企业顶层设计活动，共同诊断企业问题，分析问题背后的深层文化原因，共同研讨探寻这些问题的系统解决方案。团队协同诊断使企业变革需求合理，同时创造相互合作的团队气氛。

（1）团队协同价值

20世纪30年代，美国心理学家埃尔顿·梅奥（Elton Mayo）在西方电气公司（Western Electric Company）的霍桑工厂（Hawthorne Plant）试验后，提出了社会人假设。人们由此发现了参与式管理的重要性，让广大员工在不同程度上参加企业决策的研究和讨论，既对个人产生激励，也为企业目标实现提供保障。企业发展纲领的制定过程就是参与式管理的重要形式，通过

引导企业内部以团队形式共同参与研讨，既能群策群力，又有利于达成共识。

许多企业变革失败的重要原因是没有形成一个强大的变革团队。这个变革团队至少需要包含拥有职权的领导，他们具有说"行"或者"不行"的权力；需要拥有资源的人，这些资源对于推动变革也是不可或缺的；还需要拥有影响力的专业人士，他们拥有专业知识，能够提供专业的意见和建议。

尽管变革常常始于一两个人，但在成功的案例中，领导变革的阵营会随着时间不断壮大。如果这股力量未能在变革初期发展到一定规模，那么变革就不可能取得重大成果。人们常说，要实现组织内的重大变革，最高领导的积极支持必不可少，但仅有最高领导的支持还不够。在成功的变革案例中，董事长、总裁或业务单元总经理以及其他骨干员工会形成一个变革团队，为追求卓越的绩效而共同推进改革。

（2）变革团队分组

全面变革诊断以团队形式实施，要求企业中高层都积极参与。在小型企业里，变革团队可能在 10～50 人，在中大型企业里，这个团队有 50～70 人，否则就无法在随后的阶段取得很大的进展。如果没有形成足够强大的变革团队，虽然变革行动可能会暂时取得明显进展，但反对势力迟早会集结起来阻碍变革。

变革团队来自企业各个部门的骨干。变革团队必须由领导者信赖的人组成，至少包括几名杰出的领导者和经理人，以指导团队以个人力量难以做到的方式收集和处理信息。一般企业的发展纲领涵盖10～20个课题，变革团队依据企业规模大小一般可以划分为4～8个小组，每个小组5～10人。每个小组打破职能部门、组员职等的限制，每个小组都应尽量包含高中基层管理者和不同职能部门的员工，这样才能不被职位局限眼界，站在公司视角思考问题。

变革小组配备导师，导师可以是一个人，也可以是一个团队，一般由熟悉企业顶层设计体系与引导技术的咨询顾问、培训师担任，也可以由企业高管担任。导师负责企业变革方案整体架构设计、变革研讨引导、变革专业知识培训等。

每个小组设立组长，由全体组员民主投票选出具有优秀的沟通协调能力的人，保证组员都能积极参与课题研究和研讨。

每个小组设立督导者，一般由企业高管担任，每个督导者不直接参与讨论，而是作为局外人抛出重要问题，促进讨论；在组员讨论出现偏差时，及时纠偏。

每个小组设立记录员，记录员需要自备电脑，善于撰写会议纪要。记录员将小组讨论记录成文，并将讨论结果制作成PPT呈现。

变革团队的成员一律平等，信息交流不被内部职级阻碍。变革团队既能看到组织内部和外部情况，也清楚细节和大局，并能利用这些信息。变革团队在提出企业诊断意见、发展建议以及如何最好地实施这些动议方面，作出有利于整个企业的决定。为保证变革团队良好运作，应建立如下团队成员行为公约：严格遵守研究研讨计划，预先安排好工作；严守秘密，不向无关人员透露敏感信息；以开放的态度倾听不同意见；勇于质疑，激发团队其他成员思考；聚焦课题，面向未来，不把研讨变为追责。

（3）变革团队管理

变革团队在每个阶段的工作要遵循PDCA循环，组长组织组员按照以下四步完成作业。第一，分配作业。各组长按照作业要求和模板，给成员分配作业，组员在业余时间完成研究。第二，成员汇报。各成员提交作业后，组长召集组员召开组内研讨会，组员汇报研究成果。第三，组内研讨。其他组员提出相关意见和建议，供各作业组员参考。第四，合并共识。组长引导组员合并同类项，获得共识点，无法达成共识的部分由全体组员投票决定。

为保障组长对变革小组的管理，应建立基本项目管理机制：第一，信息沟通机制。各小组建立微信群，及时发布资料、沟通信息。第二，项目作业机制。正式召开会议前需研讨、提交作业，并推举每个课题的汇报人。第三，项目传播机制。各小组设置联络员，及时汇报各组研究讨论亮点。第四，项目激励机制。综合各组出勤、作业提交、现场研讨情况进行打分排名并予以激励。

2. 企业诊断：站在未来看现在

企业诊断的出发点是寻找矛盾与差距，所以诊断分析是站在未来看现在。首先研判形势，发现机会窗口，建立未来基本假设。其次抓住所处发展阶段的主要矛盾和矛盾的主要方面。最后结合标杆企业的成功经验和企业家群体思想，因势利导，捕捉机会，或突破瓶颈，弥补短板，标定企业未来发展新方向。

（1）立意未来：形势分析与环境假设

市场发展是螺旋上升的，从散点市场进化到线性市场、全面市场、立体市场，再从立体市场的局部进化到新的散点市场，循环往复，螺旋上升，生生不息。市场中的企业要能识别未来发展机会和可能的定位，判断行业发展趋势及其驱动因素。研判未来要"三看"——看宏观环境发展趋势、看需求侧市场变化、看供给侧竞争格局，最终发现增长路径，建立环境假设。

宏观环境发展趋势分析侧重影响行业和企业的各种宏观力量，包括政策环境、经济环境、社会环境和技术环境。政府主管部门、行业协会、知识门户网站会发布相关信息，是研究宏观环境重要的信息来源。比如，新能源汽车的宏观环境出现电动化、智能化、网联化、共享化的新趋势，给汽车企业的未来发展指明了方向。电动化是汽车向着以动力电池作为驱动能源发展；智能化是在汽车上加装毫米波雷达、车载摄像头、激光雷达等硬件设备，搭配软件系统，辅以高级辅助系统，实现自动驾驶下的单车智能发展；网联化是指利用物联网等技术，使车与车、车与人、车与交通设施之间信息互联，从而实现智能网联；共享化是汽车未来发展的一种模式，通过共享与移动出行的模式，提供出行服务，优化交通环境。

需求侧市场变化是分析用户的需求和消费行为的变化趋势，包括未来市场容量、用户画像和用户行为分析。未来市场容量分析不同细分市场规模和增长前景，识别核心市场和非核心市场。用户画像是描绘用户特征、需求痛点和价值偏好。用户行为分析主要分析用户消费行为场景和消费决策因素。中国是一个城乡二元化市场，分析时要把握消费升级和消费降级两条线。高盛集团投资管理部中国副主席哈继铭认为："消费逐渐两极分化，主要是收入差距造成的，随着中国经济的发展，高收入人群的消费到了增加需求的阶段，特别是对高端品牌消费的需求在增加。中等收入人群受房价和通货膨胀等多方挤压，消费能力逐步减弱，可能把自己的消费分裂为趋优和趋低的两极。还有很大一部分低收入人群，他们对价格敏感，主要消费低端消费品。"

供给侧竞争格局重点分析行业特征、变革趋势和竞争格局。行业特征分析主要通过绘制行业地图，描绘行业中的供需价值链、企业链、供需链的关联关系，从而有效认清边界和企业在行业中的地位。变革趋势主要分析行业技术的变革、产品结构的变革、渠道通路的变革、商业模式的变革。竞争格局重点分析行业集中度、竞争对手动态、识别改变竞争格局的力量。例如，当前我国休闲食品行业最大的 10 家企业在行业中市场份额占比约为 30%，线上品牌呈现寡头竞争的局面，线下坚果炒货细分市场集中度低，占比仅为 6%。随着行业领先企业品牌黏性、产品服务品质以及规模化优势的逐渐增强，市场集中度将不断提升。总之，消费升级推动电商模式发展，未来产品、服务及渠道将成为竞争的焦点。

（2）矛盾诊断：经验批判与现实问题

形势分析立足于环境假设，而矛盾诊断则是将企业实际情况与外部环境变化趋势联系起来，诊断企业面临的主要问题，为发展纲领的研讨打下基础。矛盾诊断的一条线是成功经验的批判分析，另一条线是业务与组织的矛盾分析。抓主要矛盾和矛盾的主要方面，是为了不将有限的资源浪费在非战略核心点上，为企业发展纲领找到主线。

成功经验的批判分析。公司在之前做得越成功，所有人都越会相信公司原来的成功经验。如果不改变文化的土壤，新业务是生长不出来的。如果要改变大多数人相信的成功经验，很多人可能会反对。很多企业家会感到要做到这一点尤为困难，但是企业变革就是要改变曾奉为圭臬的东西，包括曾经正确的、成功的东西。例如，企业过去的创新表现为业务层面的改进，未来迎接环境挑战，要求创新是对技术研发、管理模式、激励机制等的颠覆性创新。过去企业文化的忠诚是基于领导者个人魅力的忠诚，未来企业变革要求的是对共同事业的忠诚和为共同价值观而奋斗。再如，一个制造企业转型为解决方案服务商后，确立新的绩效考核体系来鼓励服务业务的发展，通过服务占总收入的比重、客户满意度等指标将奖励与绩效挂钩，切实可行，避免绩效管理流于形式。

业务与组织的矛盾分析。业务的矛盾主要体现为企业的发展方式、能力体系与外部市场发展形势的不适应。可能存在长期战略要求与短期战略目标的矛盾、外部竞争需求与内部核心能力的矛盾、产品结构与客户需求的矛盾、客户需求与内部部门合作的矛盾等。比如，一个销售型企业想转型为解决方案服务商，在研究标杆企业时发现，标杆企业的一个事业部只做一个行业，把这个行业做得极其透彻，服务一个客户一年就能获得上亿元营业额。反观企业自身，做一个项目只能获得几百万元。所以企业应该加强行业聚焦、区域聚焦，行业深度能体现企业的最大价值。这个例子就体现了企业定位与市场策略的矛盾。

组织的矛盾主要体现为：经验决策与科学决策的矛盾、企业目标与管控模式的矛盾、高速发展与管理者素质的矛盾、人治化管理与制度化管理的矛盾、员工奉献精神与价值需求的矛盾等。例如，一个企业确立了100亿元营业额的发展目标，高速发展对管理者提出了更高的要求，急需建立人才梯队。现实是整个高管团队最大的问题是同质化严重，该企业领导和高管清一色理科出身，导致团队思维太类似，缺少不同专业背景的互补力量；中层管理者一般是由内部基层员工成长而来，综合素质和能力未得到方案化培养；区域的多个营销总裁是从业务员中提拔的，缺少对市场的战略规划，区域团队缺少具备财务和人力资源专业能力的管理人员等。这一系列的问题反映了企业高速发展与人力资源紧缺的矛盾。

分析企业发展中的矛盾，要能够透过现象看本质，分析其背后的文化原因，只有理清问题的底层逻辑，从根源提出解决办法才能实实在在地解决问题，才能在研讨发展纲领时提出有理论高度的理念。解决矛盾的核心就是解决制约企业未来发展的根本性、关键性问题。要提炼结构化分析的内容，形成企业发展纲领的主线。在企业诊断阶段，企业变革团队可以按照上述分析思路，对企业进行团队协同诊断，找出企业发展的主要矛盾，确立发展纲领主线。

二、发展纲领共识：企业认知顶层设计

企业文化是战略的战略，构建企业发展纲领这样一份企业文化文件，就能建立企业统一的管理语言，为管理交流奠定互联互通的标准。

企业出现上下思想不同调、战略方向不一致、内部行为不统一的现象，问题就出在企业内部没有建立起共同的管理语言。《华为基本法》就是华为在高速发展阶段统一企业管理语言的有效之举。彭剑锋教授曾总结《华为基本法》对华为贡献的三大方面：第一，帮助企业家完成了系统思考；第二，帮助企业建构顶层设计，成功从机会导向转向战略导向；第三，解决了企业成长的动力机制问题，凝聚企业利益共同体。

在本阶段，变革团队在对企业管理现状彻底梳理、深入诊断的基础上，深化、发展和升华现有的核心理念系统。组织多轮分组研讨、集中研讨和意见征集，使干部、员工在思维碰撞中消除分歧、达成共识。

1. 发展纲领框架

根据企业顶层设计按照"1+4"的结构系统构建企业发展纲领的框架。"1"指核心理念系统，"4"指业务线包括的战略、运营、组织、人力资源领域理念系统。

企业核心理念系统主要包括企业使命、愿景、核心价值观。战略领域理念系统有战略定位、战略主题、增长路径、战略着力点等。运营领域理念系统有竞争策略、核心能力、业务设计、战略资源等。组织领域理念系统有组织形态、组织运行等。人力资源领域理念系统有梯队能力、管理机制等。

2. 发展纲领引导课件

企业的进化源于集体思想的进化。企业发展纲领的一个个课题就是一系列企业经营管理的思想，是企业组织行为和员工个人行为的指导原则。在组织核心管理者和骨干员工共同研讨这些课题前要制作发展纲领引导课件。

具体方法如下：第一步，基于企业核心矛盾和"1+4"结构系统确定企业文化要研究的课题。第二步，从五个维度研究每个课题，形成初步分析。这五个维度分别是每个课题的知识框架、过去的成功经验和管理思想、现实突出问题、未来发展要求、可借鉴的标杆企业经验。第三步，每个课题由咨询公司或变革团队小组做专题研究，形成初步的研究成果和建议，供企业变革团队研讨时参考。

3. 发展纲领研讨方法

鉴于企业发展纲领所承载的基于现实、牵引未来的重要意义，变革团队研讨时就必须既体现出对现实的延续和传承，又体现出对未来的前瞻和战略考量，在项目推进过程中通过多次头脑风暴，不断修正思想，达成全面共识，并最终严格遵照执行，实现企业既定目标。在研讨与实施过程中，能锻炼一批人，培养一批人。

（1）研讨预热

研讨预热的主要目的是变革团队小组内部预先研讨一遍所负责的课题，得出所负责课题的顶层设计初步理念，熟悉研讨的流程，迅速适应研讨的环境。研讨预热阶段，首先召开企业变革团队全体会议，由企业主要领导人讲解变革意义、变革内容、变革组织、变革周期等。

全体会议核心内容为导师培训发展纲领引导课件，导师讲解每个课题的研讨目的、研讨工具，并介绍相关参考案例，启发全体变革团队成员。

全体会议后，各小组将课题任务分配到组员，各组员完成作业后，各小组组长组织本组组员按照参考模板在小组内部自行研讨练习一遍，得出初步结论。

在研讨预热阶段，所有小组必须全部完成企业核心理念部分作业，并组内研讨。业务线与组织线的每个课题至少由两个小组同时负责，便于在汇总研讨阶段进行辩论，这种深入研讨会使结论更加合理。

（2）汇总研讨

在各小组内部研讨完毕后，组织全部小组参与封闭式研讨营。变革团队全体成员最好在封闭环境中进行2～3天全天候的企业发展纲领集中研讨。汇总研讨阶段，各小组汇报本组研究、研讨结论，并说明理由。汇报完成后，由其他小组进行质询，进一步探究结论依据的可靠性。汇报与质询后，其他小组为汇报小组打分，去掉一个最高分和一个最低分后的平均值，就是该组得分。

（3）课题共识

课题共识阶段，先由导师总结各组汇报结果中共识程度较高的部分，同时点明各组差异较大的部分，提出共识研讨的重要讨论点。

各小组了解其他小组汇报结果以及其他小组对本组的意见后，会受到启发，这时需要对之前提出的方案进行再讨论，将拥有共同课题的小组合并成大组，集思广益，修改方案。为了避免小组成员思维僵化，课题共识阶段可邀请任意小组成员加入本组讨论，进行智力激荡。修正结论后，课题组对研讨的课题做总体共识汇报。

总体共识汇报后，由导师或外部专家、公司高层观察团对各课题组观点进行简要点评，并总结各组共识程度较高的部分，帮助各课题组改进结果。

（4）纲领修订

在发展纲领研讨营结束后，由变革团队核心成员梳理共识结论，进行综合加工提炼，形成新的企业发展纲领初稿版本。初稿版本下发各小组进行修订，各组长将修订任务分配给各个组员，各组召开组内研讨会形成共识版本，提交变革团队参考。变革团队新的企业发展纲领撰写组在吸收各方意见和建议后，形成终稿版本提交企业试行。

三、平行组织建设：纵向到顶，横向到边

企业新发展纲领试行落地，需要一个漫长的过程，首要的工作就是组织建设工作。一方面，战略决定结构，战略重心的转移决定着组织结构的调整。另一方面，组织结构也决定战略，制约着战略的实施，因为战略的实施是由人来推进的，不同的人会产生不同的实施结果。在企业变革过程中企业应该建设两套组织结构：一套是根据战略方向调整的正式、常规的组织结构；另一套

是支撑变革的跨部门、跨层级的组织结构，实现纵向到顶、横向到边。

1. 组织结构调整

一体化组织不是个人力量的简单加总，而是会产生指数级放大效应。为此，应按照战略需要变革组织，明确有关事项负责人。提高组织战略执行力不能仅仅依靠少数人，而是要发挥组织整体效力，积极构建稳定的业务结构，制定高效的业务规则，形成严密的业务流程。

组织结构的调整涉及重大利益的调整，受到决策层的认知、市场冲击等因素影响，一般的调整策略有优化、重构和新设。组织优化仅需要在原有组织结构基础上适当调整，适应外部发展与内部整合需求，不做根本性改变。组织重构则需要按照战略落地要求和业务逻辑，重新设计业务流程和组织结构，彻底改造原有组织结构。组织新设是通过新设立组织，补充在业务运营方面的需求。

组织结构的优化要综合考虑业务种类多少、地区分布距离远近、集权分权管控三方面因素。业务种类由少增多，组织结构应从直线职能型向产品单元型组织模式演化。地区分布距离由近变远，甚至全球化发展，组织结构应向区域式组织模式演化。管控由集权向分权转变，则组织结构应向事业部制甚至子公司组织模式演化。

分析一系列企业变革案例，相对于硬着陆的激进式组织变革，软着陆的渐进式组织变革更容易成功。在数智化时代，新技术、新业态、新模式如雨后春笋。企业寻求新的经济增长点，开辟新的增长曲线，更适合采用隔离孵化的方式。新业务、新体制、新人才结合一部分掌握原有业务资源的人员，更加容易使企业变革成功。

2. 变革领导团队

在变革过程中，建立与现有组织结构平行的领导团队非常重要，企业变革容易让人们产生怀疑：企业真的需要变革吗？变革未见成效，是否应该及时止损？企业变革也会像跑步一样遇到"瓶颈期"，咬牙顶住肌肉最酸痛的阶段就能浑身轻松。有坚定的变革领导团队，能够稳步推动变革，早日取得阶段成果，带领企业变革成功。

约翰·科特（John Kotter）在《领导变革》中指出，组建变革领导团队时应该挑选那些有职权影响力、有专业特长、信誉良好及有良好领导力的人。华为在1998年引进IBM的管理体系推动流程变革，内部遇到了众多的阻力，任正非的爱将李一男也不支持。任正非在公司成立变革指导委员会，由时任董事长孙亚芳任委员会主任，主要的业务负责人是委员会成员，如任正非、郭平、徐直军等，领导团队阵容强大。

在关键的节点，任正非力排众议，提出"先僵化，后优化，再固化"的三化要求,用"削足适履"的决心来推动变革的落地。变革的效果在若干年后逐渐释放,而后华为突破"七国八制"的格局,完成了从追随者到引领者的华丽转身。

约翰·科特在《领导变革》中说:"相互信任、目标一致,以及能力匹配的人,就能组建一支强大的领导团队,他们就能排除万难领导变革走向成功"。

在变革实施阶段,变革团队应从制定发展纲领阶段的混合团队,转变为按照组织结构分工协作的多层次变革团队。总部变革领导团队负责统筹规划,各子公司变革领导团队负责结合本单位情况,因地制宜地推动变革实施。

3. 文化管理团队

企业变革的本质是人的观念的变革,是人的行为的改变。如果仅仅对流程和组织进行变革,而没有对人的思维方式、做事方式、行为习惯进行改变,那么变革注定会失败。企业变革必须建立一个企业文化管理团队,这个团队扎根到各个业务部门、业务单元,让员工对发展纲领理念从知道变为相信,然后把发展纲领当作信念。信念牵引行动,行动形成习惯,习惯固化为机制。

不同企业的文化管理团队有不同叫法,有的企业称为"企业文化大使",有的企业称为"政委",有的企业是由人力资源业务合作伙伴(human resource business partner,HRBP)承担企业文化管理。总之,企业文化管理团队要掌握"七大剑法":第一,文化提炼，总结本企业文化与业务成功经验；第二，制度建设，组织完善企业文化建设机制，制订文化建设工作计划并进行监督；第三，文化宣传，组织内刊、微信公众号等内部媒体的稿件创作等；第四，文化培训，组织各部门员工学习企业的共同价值观、管理理念、行为准则；第五，文化活动/仪式，企业内部活动策划、组织、实施；第六，文化落实，具体落实企业文化发展战略，执行企业文化制度；第七，员工沟通，关注各部门员工诉求，及时沟通并反馈。

企业文化管理团队定期组织文化工作者培训，以提升其思想认识、知识技能和策略制定水平等。职位晋升时，同等条件下应优先考虑从事过文化管理工作的员工。

四、组织行为进化：战略运营管理闭环

当前，企业界对战略存在一个共识：如果不能描述就不能度量，如果不能度量就不能管理，如果不能管理就不能达到目标。美国《财富》杂志披露：有效策划并得到有效执行的战略不到10%，大约70%的战略失败在于执行不到位。也就是说，大多数的战略仍停留在管理层美好的愿景中，并未如其所愿得到积极而有效的推行与落地。

是什么导致企业的顶层设计蓝图被束之高阁？通过对企业高管和员工进行访谈，我们发现根本原因在于企业缺乏一套行之有

效的战略管理机制。

1. 战略解码硬着陆

企业战略必须转化为可操作的行动。战略解码就是将战略化虚为实的一项工作，既关注眼前现实，又结合未来趋势。现代的战略管理理念更关注愿景，所以战略解码应尽量做到"做一年、想三年、看十年"，以确保战略的合理性。

（1）战略解码步骤

战略解码要基于企业战略目标层层分解。

第一步是描述战略，澄清战略。明确 3 年的战略主题，描述由行动领域、行动策略、行动路径组成的一系列战略举措。

战略主题是战略行动的基调，明确企业战略是做大、求快、做强还是转型等。行动领域是思考战略举措的维度，主要包括客户维度、产品维度、市场地域维度、产业链维度、技术维度、资本维度等。行动策略是根据具体情况采取的具体策略，比如技术策略是跟随型还是领先型。行动路径是实现行动策略的方法，比如技术策略选择领先型，对应的行动路径可以通过并购技术领先的企业获取前沿技术。

第二步是衡量战略，划定指标与重点。把 3～5 年的战略焦距拉近到未来一年，用更聚焦的方式明确一年内更为关键的行动，找出"必赢之仗"。战略解码通常沿用"个体思考—小组小结—全体分享与对比—整体归纳"的流程。不管企业的规模与业务复杂度如何，"必赢之仗"的数量通常在 5～8 个。战略解码在实践中，考虑到时间与参会人员的限制，"必赢之仗"通常只需要分解到一级行动，也就是将企业层面的行动分解到业务单元、职能部门层面。

第三步是管理战略，实现责任分解。设定可衡量的关键指标及行动计划。战略解码的"最后一公里"就是基于"必赢之仗"的作战要求，把目标与实现目标的具体动作在基层进行细化的过程。需要挂帅人、相关行动责任人以签署"军令状"的形式明确自己的责任。有些企业把战略解码的"军令状"称为个人绩效承诺书，并安排一个非常具有仪式感的签署过程，让相关责任人有敢于承诺、勇于兑现的荣誉感和使命感，激励效果良好。

（2）战略解码拉通

需要注意的一点是，战略解码不是纯粹的书面工作，并不是部门领导各自埋头设计工作任务和工作指标就足够了。战略解码过程中不仅要进行部门内部研讨，在内部达成一致，还要进行跨部门研讨，明确各自的工作范围，协同制定部门关键绩效指标。只有企业上下达成一致认识，才能真正协作最终推动战略落地。

2. "知信行"制软着陆

"知信行"制是华夏基石早期文化落地咨询的一个模型，对文化落地工作的实施顺序进行系统性排序。华夏基石一直强调文化与战略的一体化，所以这个模型在企业变革管理领域也被一直沿用。这三个基本环节并没有固定的先后顺序，而且会互相影响，但只有这三个基本环节都获得成功，企业文化与战略理念才能够真正落地。

（1）知：让企业理念变为员工理念

"知"要解决的核心问题，是如何使企业倡导的理念和执行的战略，被所有利益相关者都知道并理解。要达到管理者精通、员工熟悉、客户及其他利益相关者知晓的目标，主要依靠三种常规方式：一是系统培训，二是渠道传播，三是物化传播。

系统培训往往互动体验效果好，比如新人融入培训、管理者晋升培训、导师制日常熏陶，尤其是行动学习培训，将企业文化、战略理念与实际工作任务结合，立竿见影。渠道传播可利用多种多样的载体，如企业家文章、企业论坛、电子杂志、企业微信、企业报纸、企业歌曲、微电影、文化手册等，形象地展现抽象的文化与战略理念。其中企业家文章如果能结合企业热点事件，给出具有引领性的观点和分析，最容易引起广大员工的思考和共鸣。物化传播是更直接的方式，通过企业产品、建筑、环境布置、文化墙、员工服装等，渲染文化与战略理念，润物细无声。

（2）信：让理念内化为员工信念

企业要想让员工相信企业理念，并把理念化为信念指导长期工作，需要坚持企业决策与企业理念一致，坚持组织制度与企业理念一致，坚持组织活动与企业理念一致。"信"的工作目标是，让全体员工把企业所提倡的文化理念内化为自身信念。

管理者的关注和示范是让员工相信企业理念的基础。各级管理者对文化与战略理念的内化负有首要责任，管理者要严格、及时按照文化理念和制度要求处理关键事件。制度的修订和完善，是让员工相信理念的关键。要根据企业文化理念和战略要求，及时修订、完善经营管理和流程管理方面的理念与制度体系。

氛围的营造和强化是让员工相信理念的重要催化剂。仪式活动不是简单地传播信息，而是深入地共享信仰和信念。企业要能够系统设计、实施丰富的文化仪式活动，增强文化体验。举办诸如表彰仪式、晋升仪式、项目誓师大会、企业年会、标志性纪念日活动等。企业应充分意识到仪式活动在促进员工认同理念方面的作用，要避免完全没有仪式活动，或把仪式活动完全文艺化或文体化，变成一种与文化理念无关的纯粹娱乐活动。企业若想发挥仪式活动对文化理念的宣传作用，是需要钻研的。

（3）行：让企业信念变成员工习惯

"行"要解决的核心问题是，让全体员工自觉实践已经相信的企业理念，并把这种理念逐渐变成自己的习惯。通过不断激励企业倡导的行为，惩罚企业反对的行为，并及时作出反馈，长此以往，员工就会形成稳定的思维模式和行为习惯。

知识密度越高的行业和企业，对员工的价值观行为要求也越高。因为对于相同的岗位，不同员工的不同工作行为创造的价值天差地别。在促进员工把信念转化为行动方面，高绩效员工往往能起到关键的示范作用。以他们为标杆，萃取他们的工作经验，将他们的工作行为标准化，然后通过他们"现身说法"的方式，在全体员工中推广对企业理念的践行，能够更快地推进员工理念行为化、习惯化。

3. 战略复盘：让战略管理闭环

战略执行后，要通过季度经营分析会、半年度经营分析会和年度战略会议，实施战略回顾与跟进。当发现出现战略偏离时，要从内部运营视角分析问题、挖掘原因，及时采取优化调整行动。

战略从规划到落地的过程并不简单，除了建立一个行之有效的战略管理机制外，还需要不断地进行反馈、修正，才可能最终使战略顺利落地。战略复盘就是有效监控战略的重要手段，能够确保企业战略方向没有偏离既定目标或在偏离时及时将其拉回正轨。

战略复盘有以下四个步骤：

（1）回顾目标

回顾初始目标是什么，期望达到什么效果，目标设定是否合适。回顾目标不应该仅仅停留在目标本身，更要关注目标对企业发展状况的反映。短期看经营结果，如收入、利润、现金流；中期看格局，如市场结构、产品结构、成本结构；长期看能力，如产业链是否健康、组织是否有活力。要能够刷新企业对自身经营现状的认知、对市场的认知、对组织整体的认知。

（2）评估结果

基于目标对结果进行评估。对照目标，评估结果有哪些行为亮点、有哪些未达预期。企业经营不能只看短期效益，还要追求长期有效增长，要平衡短期与长期、现在和未来。要通过评估结果，洞察变化，为提高经营能力提供线索。评估过程遵循大多数原则，汇集多方观点，保证广泛的参与性。

（3）分析原因

企业在实施战略之后，要分析成功的原因是什么，失败的原因又是什么，哪些影响因素是最重要的。面面俱到的战略复盘是无用功，一定要抓住问题的根源，清楚问题与瓶颈的区别。找到问题的根源，从中识别出企业瓶颈并着手突破，其他相同类型问题就会迎刃而解。在对市场与自身认知的局限进行反思时，没有深刻的"痛"，就不会有真正的改变。

（4）总结经验

需要总结成功的经验或者失败的教训，以进行下一步的规划和行动。应该思考：未来工作中最重要的是什么？复盘中发现的问题是否得到了有效解决？以往错误的方法是否有所改正？突破瓶颈的工作责任是否具体落实？是否有详细精密的计划并推动实施？能否做到公平公正地奖罚？这些都是关系到企业战略复盘能否真正发挥效果的关键。

从普通到优秀、从优秀到卓越，成为一流的企业势必要披荆斩棘，克服战略管理的重重困难才能脱颖而出，取得业务成功。

五、干部行为进化：人才价值管理循环

变革方向确定后，干部就是决定的因素。干部作为企业的核心人力资源，肩负着传承企业文化、落实企业战略、培养组织人才的重要使命与责任。构建系统的干部管理体系是提升能力、激活人才队伍的关键抓手。

1. 干部梯队建设

有人曾经问任正非："人才是不是华为的核心竞争力？"任正非答道："人才不是华为的核心竞争力，对人才进行有效管理的能力，才是企业的核心竞争力。"要想建设干部管理体系，良将如云，能上能下，也能横向流动，核心是建设干部梯队。

（1）全体干部画像

建设干部梯队，最基础也最重要的是明确企业对干部的要求。一定要旗帜鲜明地提出对干部的要求，包括干部应承担的使命和责任，以及干部的标准。企业要从宏观、中观、微观层面对干部提出要求，才能使干部既符合企业的统一要求，又适合所在岗位的特性。

某印制电路板企业对干部的宏观要求是：依据企业的宗旨主动和负责任地开展工作，其基本职责是使工作有成效、员工有成

就、企业有前途。干部履行这三项基本职责的程度，决定了其权威与合法性被下属认可的程度。

该企业对干部的中观要求是：第一，塑文化。管理方法和企业文化是企业的宝贵财富，干部必须加以践行、发展和丰富。第二，创业绩。干部应根据战略发展规划主动制定具有挑战性的业绩目标，并有效分解、执行，创造行业一流业绩。第三，带团队。客观评价团队成员的工作绩效和价值观行为，激励团队士气。通过下任务、定目标、给支持，让团队在实践中成长。第四，建体系。把复杂的事情简单化、简单的事情标准化、标准的事情智能化，持续优化和管理工作流程，提升运营效率。

该企业对干部的微观要求是：基于岗位要承接的业务的特性和挑战，倒推识别出岗位要求。具体操作是列出要开展的工作，排除归并到中观要求中的，浓缩提炼出岗位经验要求和特质要求。不同岗位的微观要求差异较大。

（2）后备干部培养

需要梳理关键干部岗位，为每一个岗位都匹配继任名单，对后备干部进行培养。后备干部培养最核心的手段是岗位流动，使其具备对应岗位所需的能力和经验。一旦出现岗位空缺，会从继任名单里直接选拔出能力和经验与岗位匹配的人。

纵向上根据后备干部的培养成熟度，分成立即继任、一至两年继任、三至五年继任三个后备层级。

横向上把后备干部分成三个来源，优先选择来自本部门的；

当本部门没有合适的人时，再考虑跨部门；如果其他部门也没有合适的人，就要从组织之外寻找。

一般对于一个岗位的后备干部的最低要求是三个后备层级各 1 人，任何一个关键岗位原则上要有 3 个后备人选。拥有了足够的并能持续培养的后备干部，就形成了干部梯队力量。

后备干部培养计划启动初期，梯队力量肯定是不够的，但企业只要有计划地推进，一至两年之后就会有显著成效。当后备干部充足时，再去做干部的调整，就能真正做到能上能下、能进能出、流水不腐。

2. 新任干部训战

很多企业对干部的培养做了很多工作，但是普遍评价成效不好，2020 年海尔大学解散，2021 年字节跳动人才发展中心正式撤销，企业裁撤培训部门最大的原因是其认为人才培养的有效性和针对性不足。

很多企业在培养干部时，基本上都采用"冰山模型"，基于素质模型进行人才培养。培训部门很自信地设计了领导力发展项目，结果半年后发现管理者还是带不好团队。内部讲师对学员课后评估的分数很满意，却发现在培训结束两周后的闭卷考试中，学员的分数低得让人意外。

知识和技能不足是可以通过培训来解决的，但是能力和经验不能。能力需要通过岗位实践来培养，经验需要通过岗位流动来积累。因此，干部培训应更多聚焦知识和技能，通过岗位实践和岗位流动培养能力和经验。

成年人是选择性学习的，在他们没有意识到所在岗位需要具备特定知识和技能时，被动接受培训是难以产生效果的。所以应该采取训练和作战结合的方式，做到工作学习化、学习工作化。只有从工作实践出发学习，通过复盘反思总结出可以普遍适用的规律，在下一阶段的行动中进行复制和传承，才能提升人才培养的有效性和针对性。

华夏基石推行的干部训战一般采用"127"混合培养模式，即10%为方法学习，20%为研讨演练，70%为实践锻炼。在训战模式下，课堂知识讲授占比被压缩到最小，也就是10%方法学习。为了使课堂学习的效率和效果最大化，大部分理论与知识点被制作成在线课程并前移到训前进行学习和考试，这种前置学习方式被普遍采用。

20%研讨演练是课堂学习的核心，一般会尽最大可能把集训中更大的比重让位给演练。没有演练，技能学习难以落地。研讨演练分为案例分析、角色扮演、沙盘模拟、游戏模拟等，往往指向较为复杂的工作任务。研讨演练要萃取业务原始案例形成故事线，要设计模拟演练的环境和竞赛机制，这些演练环节不是能从课本中获取的，而是需要结合企业的实践，活学活用。

70%实践锻炼是指学员奔赴"战场"实践并结业答辩的环节。每个集训阶段结束之后，学员就要去进行岗位实践，实践之后要撰写案例，学以致用。训战项目各个阶段结束之后，会对案例做评审，组织答辩，确认学员是否符合结业要求。

3. 在岗干部盘点

通过干部盘点可有效构建企业全体干部地图，发现干部优劣势，为建立干部人才库、干部档案打下基础；为设计干部培养方案、有效培养干部提供有效参考依据；同时，为制定干部个人职业发展规划提供参考依据，提升干部个人发展的动力，实现个人和组织发展的双赢。

干部盘点应遵循业绩为主、能力为辅的原则。干部评价强调目标导向，业绩达成情况是检验企业干部岗位胜任能力的首要标准，岗位胜任能力是选人的重要条件。干部的能力、绩效应共同发展，干部达成业绩的同时需要评价其价值观与能力。盘点结果坚持"271"分层分类，着重培育、晋升、奖励排名较前的干部，以先进带动后进，从而带动企业整体绩效的提升。

（1）干部二维评价体系

干部盘点一般按年度组织开展，大多在年度绩效评价后进行。干部盘点的主要工具是"绩效素质矩阵"，有绩效考核和素质评估两个维度。纵轴是绩效或其他一些可量化的结果，横轴是行为或者素质等，二维评价体系反映的是全面绩效，也就是干部在过去一年当中的业绩结果和行为。

用述职的方式做好干部考核。干部如果绩效评价结果较好，但说不明白一年的工作情况，表明结果可能"有水分"，很可能就是"躺赢"。干部如果绩效评价结果不好，但是能清晰地分析、表达失败的理由，有反思，那可以继续任用。如果干部自己都搞不清楚为什么失败，那说明他不应该被继续任用。

能力素质测评，一般采用管理者360度反馈法，通过批量导入题目、批量发送邀请、防作弊等技术手段，提升测评数据的精度和测评效率。测评结束后生成干部的个人能力素质360度评估报告和团队360度评估报告，前者对干部表现出的优劣势进行更细致全面的分析，后者着重分析干部的整体优劣势、岗位匹配程度、关键岗位人才整体情况及重点人才等。

(2)"271"分层分类盘点

一般绩效素质矩阵的作用人群规模需达到40人以上，才能更明显地进行人才区分。对于集团化企业可进一步按照横向职位族、纵向业务单元的方式，将各单位的盘点结果进行汇总，形成全集团的干部地图。基层干部数量较多，适宜本单位内排名；中层干部数量适宜，可按照职位族进行全集团拉通排名；高层干部数量较少，可全集团拉通排名。

通过"271"分层分类盘点，"大浪淘沙"，把杰出人才提拔到更重要的岗位，对有潜力的优秀人才进行培养和历练，对不适应企业发展和能力不足的人员进行调整。通过激励和培养前20%和中间70%的员工，循序渐进，逐步带动提升后10%人员的能力，从而产生企业整体的进化效应。

4. 在岗干部使用

在干部盘点基础上,构建晋升、轮岗、退出的动态管理机制,促进企业整体干部管理良性发展。只有让干部有"逆水行舟,不进则退"的危机感,始终处于不稳定状态,其战斗力才能处于最佳状态。

(1)晋升

干部盘点排名的前20%是高潜力的干部,应晋升到重要岗位。所谓"宰相必起于州部,猛将必发于卒伍",说明干部不仅要有独当一面的任职经历和优秀的业绩,还要有基层成功的经历。

(2)轮岗

干部盘点排名的前70%是合格的干部,应到不同部门轮岗锻炼,为晋升弥补经验和能力上的不足。轮岗一般分为业务轮岗和岗位轮岗。业务轮岗是让干部到不同价值链环节进行岗位锻炼,使其真正了解业务的重要环节。岗位轮岗是使干部的职务发生变动,使其均衡发展,有利于优秀干部快速成长,同时有利于企业管理水平的提升。

(3)退出

干部盘点排名的后10%是不合格的干部,需要对其进行退出处理。有的企业每年强制要求各部门、各层级干部开展末位淘汰。末位淘汰不仅要针对中基层的干部,对高层干部也同样适用；不仅适用于业务部门，也适用于职能部门。很多企业推行干部末位淘汰的效果不好，是因为既没有处理高层干部，也没有处理职能干部。

六、员工行为进化：统一价值观方法论

在发展纲领的执行过程中，很多员工根本不知道新的战略要求和组织要求，不理解为什么要执行新的战略，不明白为什么要做某件事情，不清楚自己做的事情跟企业战略有什么关系。员工存在这些问题，表明企业变革在员工层面存在行动障碍。

1. 价值观行为指引

企业变革是因为环境的变化，企业在环境探索过程中的一些做事方法反复得到验证，逐渐归纳形成方法论上升到价值观的层面，成为判断是非的标准，在较长一段时间内具有指导性和适用性。企业会将这些价值观分解成行为标准让员工遵守，员工在工作中践行这些行为标准就会取得高效益和高效率。

价值观行为指引的本质是方法论，面对同样的场景、同样的问题，不同人采用不同的方法论，取得的结果也是不一样的。一个企业的一条价值观可能有多个方法论支撑，这些方法论之间有层次之分。以赛力斯价值观行为指引为例，该企业经营模式从传统"研产销"供应链思维向"用户体验、产品研发、产品生产和

用户使用"的需求链思维转变，在价值观行为指引方面希望能向"以用户为中心"的文化转型。在研讨"一切为了用户"核心价值观行为指引时，赛力斯员工的研讨给了我们很多启发。

工作坊引导案例是这样的：企业销售部小王无法连接北京分公司的视频会议，找到信息管理部询问北京分公司的视频会议号码是多少。假设你是信息管理部员工，你会如何应对小王的请求，采取什么样的行动？在这样一个价值观行为指引问题中，研讨小组成员结合工作经验，研讨出几十种行为和解决方法，经过整理形成六类可能的员工行为。

员工A：告诉小王自己有其他工作要忙，给他北京分公司视频会议号码，让小王自己想办法处理。

员工B：将北京分公司视频会议号码交给小王，并跟随小王来到视频会议室，帮助小王连接上视频会议系统，然后离开。

员工C：询问小王会议的内容，都有哪些部门和业务单位参加，会议持续多长时间。得知有十个区域在一起开会后，和各区域行政后勤人员通过微信群沟通，一起把视频会议系统调整好，并交代小王视频会议系统的基本操作方法。

员工D：详细询问小王会议概况，得知这是个大型会议后，就和主管请示要全程做好会议保障，在帮助小王连接所有接入区域后，在会议中帮助调整视频会议摄像头，保证各区域能看到现场发言人和投影PPT，帮助调整话筒音量到最佳状态，在会议顺利结束后离开。

员工E：在帮助小王连接视频后，为了避免再次出现不会连接视频的情况，将厂家附送视频会议系统操作指导书简化为五个操作步骤，用漫画的形式呈现，并制作了各区域和其他部门的视频接入号码表，便于参会人员自己操作视频会议系统。

员工F：通过和小王交流，了解到有的单位视频会议系统标准不统一，视频会议图像和音频效果不好，经过一番调研后，提出一个统一各单位视频会议系统管理软件的计划，得到上级批准后，协同各区域和部门更新个别硬件、统一软件，并协同各区域行政部门做了一次视频会议系统操作培训，保证全员能熟练使用视频会议系统，提升办公效率。

这六类员工行为有着明显的层次差异，员工A以自我为中心，并未以用户为中心，他的行为显然不是价值观正向行为，不能被倡导；员工B到员工F的行为均拥有用户意识，并且在技能和方法方面逐渐延伸，从更深需求层面解决问题，创造的客户价值越来越大。

通过这个案例的研讨，研讨小组对"一切为了用户"在价值观和方法论层面有了更深的理解，经过咨询团队和赛力斯团队共同努力，开发出"一切为了用户"的五级价值观行为指引，从低到高依次提升践行难度。分别是：

一级为用户思维：站在用户角度思考问题，准确分析和识别用户核心和非核心需求，敏捷响应用户核心需求。

二级为连接用户：提供周到服务，并通过场景延伸与用户连接起来，增加用户交流互动，增强用户的参与感。

三级为成就用户：持续解决用户的问题，在坚持企业原则的前提下，帮助用户达成目标，增强用户的获得感。

四级为引领需求：用户没有考虑到的需求，也要尽量考虑到，提前筹划，改进服务，让用户感动，增强用户的认同感。

五级为长期伙伴：与用户共同应对未来挑战，结成长期的伙伴关系，全力以赴帮助用户持续成功，增强用户的幸福感。

价值观行为指引让员工拥有了日常工作的方法论，本质上是建立了员工自我驱动的治理体系。传统管理方式是管理者驱动，遇到事情需要向管理者汇报，由管理者作出决策。推行价值观行为指引管理，员工只需在工作场景中按照价值观行为指引行事即可。企业统一价值观行为指引能让员工挑战更高层次方法论，让平凡人也能创造不平凡的绩效。

2. 价值观经验萃取

价值观行为指引是抽象的，要让员工能更好地在工作中践行价值观方法论，还需要做好实践工作中的价值观经验萃取，提炼鲜活的价值观行为案例，发挥榜样的示范力量。

关键岗位往往知识密度比较大，行业隐性知识难以获取和转化，制约人才快速成长，而经验萃取在价值观方法论应用方面作用显著，可以加速人才培养。

途牛旅游网经营的大部分业务是非标旅游产品，对旅游顾问的技能要求比较高，探索快速培养专业旅游顾问的模式，是摆在途牛旅游网面前的头等大事。现在，途牛旅游网能将新旅游顾问胜任期从几个月缩短到几个星期，这是怎么做到的？原来秘诀是利用"政委辅导体系＋经验萃取技术"：新旅游顾问到岗后快速学习岗位基础知识及旅游顾问标杆经验萃取话术，这样就能在顾客咨询时，准确回答旅游线路知识和各种旅游相关问题。

价值观经验萃取方式主要有文档案例库、深度访谈和共创萃取。

（1）**文档案例库**

很多企业建立了价值观行为案例库或价值观行为评价制度，一般每个季度或年度会产生大量案例与经验。京东各条战线上每个季度会评选"文化之星"，做法是根据价值观积分卡获得者的积分情况，进一步筛选出优秀的价值观践行者，授予"文化之星"殊荣。京东会将这些"文化之星"的关键事件按照背景、关键行为、事件结果、评价等撰写成案例并进行传播。

赛力斯每个季度会开展价值观行为评价活动，评价采用关键事件法，其中会涌现大量优秀案例，各个部门都比较热衷选送和推广本部门的优秀案例树立标杆。赛力斯总部会针对这些案例和成果分享，进行三级案例库建设，并将优秀的经验案例萃取成果进行深度整理和精加工，制作年度价值观行为案例集。

（2）**深度访谈**

企业文化管理工作人员对高绩效员工进行深度访谈，按照案例与经验类别进行价值观方法论层面的提炼。价值观行为评价或者基层推荐的价值观案例往往比较单薄，需要进一步萃取，形成有方法、有逻辑的案例。赛力斯在各个业务单元设立企业文化通讯员和联络员，他们负责对典型价值观案例进行深度挖掘和报道，慢慢形成各个职位族的价值观典型案例体系。新员工学习这些案例，就能快速掌握职位知识、经验精髓，快速成长为内行人。

（3）共创萃取

对于大型案例需要业务专家和企业文化专家以研讨会或共创工作坊的形式萃取。有些案例涉及不同部门的人员，只有群策群力，从不同角度汇集信息，企业文化专家才能比较系统地梳理方法论，业务专家才能给予专业的补充，更完整地交叉验证，萃取出优秀案例。

广东能源的企业文化案例精选集就是采用共创萃取方法，邀请相关案例的当事人、相关技术领域专家、企业文化管理工作人员、外部专家顾问开展共创工作坊，经过案例筛选、事件回顾、价值观方法论解读、案例结构分析、撰写分工等环节，最终形成集团上下高度赞誉的价值观方法论案例读本。

企业进行经验萃取与案例库建设意义重大，这不仅仅能构建企业的知识积累体系，让员工学会记录关键工作事件，评价自身践行价值观程度，也有利于建设员工自我驱动的治理体系。

3. 价值观行为评价

华为的文化靠制度来传播，主要对员工的劳动态度进行评价，而且形成了一个评价机制。可以说华为的文化是评价出来的，不是弘扬出来的，通过评价让每个人都认同企业文化。阿里巴巴将价值观评价结果按 50% 比例纳入绩效结果，与报酬、晋升、培训等挂钩。京东采用价值观积分卡的形式，将价值观行为评价和荣誉奖励体系对接。企业价值观行为评价是价值观行为化的有力保障，是凝聚企业内部共识和推动文化落地的有效途径。那么企业应如何进行价值观行为评价呢？

首先需澄清价值观行为评价的几个误区：第一，不是评价价值观念，而是评价工作中表现出来的行为。第二，不是评价社会领域的价值观行为，而是评价工作领域的价值观行为。第三，不是评价个人全部的价值观，而是评价践行组织要求的成功方法的表现。总而言之，价值观行为评价，就是评价员工在工作领域实践组织成功方法论的行为表现。

（1）价值观行为评价方法

员工持续记录工作中的关键事件表现，一般以一个季度或半年为周期，员工和主管对关键事件等级和数量进行确认，进而评价员工行为符合价值观行为标准的程度。企业鼓励员工在发生正向价值观关键事件时，及时与主管沟通；同时鼓励主管在员工发生负向价值观关键事件时，及时找员工沟通，提出价值观行为改进建议。

（2）价值观行为评价基本流程

第一，价值观行为标准宣贯。第二，日常关键事件记录。第三，季度（半年度）自评与审评。第四，价值观管理委员会申诉与仲裁。第五，价值观行为面谈。第六，评价结果应用。

价值观行为评价要求管理者复核员工自评，强调管理者与员工的过程绩效沟通，强化了工作过程中的价值观方法论应用。价值观行为评价使过程绩效与结果绩效相辅相成，促进员工绩效能力的提高，从而提高业绩水平。

持续地通过关键事件法进行价值观行为评价，能有效识别人才，并与招聘选拔、培训提升、职位变动、薪酬激励挂钩，形成基于企业文化的有效管理模式。价值观行为评价使员工与企业"志同道合"，从内心认同企业的发展和价值观。

需定期对企业价值观行为评价方法和内容进行有效性验证和优化，跟踪企业价值观行为评价结果和业绩考核结果之间的关系，确定考核过程的公平性及考核结果的真实性，并及时对与实际情况不相符的评价标准进行针对性调整。

七、奋斗驱动机制：优化价值激励系统

一个企业在实施发展纲领之后，会经历组织、流程、干部等方面的调整，需要变革团队共同打造相应的激励机制，激励员工

按照新的使命、目标和责任去奋斗。在这一阶段，企业明确了自己向哪里发展，也具备所需的资源，需审慎确认利益相关者，制定能回报个人、部门和企业的价值激励系统。

1. 传统价值激励机制缺陷

传统绩效评价通常是先由员工制定一个绩效目标，并确定目标和绩效之间的关系，然后严格地执行。在绩效评价时，需要评估员工当初制定的目标完成了多少，据此为员工的绩效表现打分，从而决定员工的升职、加薪等物质回报，并对绩效评价结果较差的员工实施末位淘汰处理。

传统价值激励机制是一套基于"胡萝卜加大棒"式的绩效管理方法，本质上是受评价结果的物质激励和惩罚驱动。这直接导致员工在设定工作目标时，会刻意压低目标水平，不愿意设定有挑战的目标；在绩效评价时，会刻意地夸大自己的绩效表现，以期营造自己超预期达成目标的假象。

华夏基石战略与股权管理专家王智敏总结了传统价值激励机制的四大缺陷。

（1）难以准确定位员工

传统价值激励的做法往往是定职定等，要想突破薪酬级别只能靠提高职级，员工在一个职位上干得再好，也不能得到大幅度的加薪。在这种模式下，无论职位是否适合自己，要想加薪，员工只能往上晋升。员工本来在某个胜任的职位可创造更大价值，但晋升后因不能胜任，反而消耗组织资源，降低组织效能。

（2）激励效果有限

在传统价值激励机制下，如果设定较低的薪酬水平，往往激励力度不够，难以吸引外部优秀的人才，难以留住和激励内部优秀的人才；如果设定较高的薪酬水平，难以跟目标强绑定，人才获得回报却没有带来业绩的显著提升和改善。因此，传统价值激励机制往往陷入两难，难以牵引内部人才成长和吸引外部人才。

（3）易出现"搭便车"现象

传统价值激励机制存在"搭便车"现象，无法保障公平性问题。现在很多上市公司的股权激励方案存在激励效用边际递减的现象。如果股权激励方案涉及的人数较多，也没有特别明确的分层，再加上很多企业上市就是为了让所有人分享利益，在指标设计上会留有一定余地，结果就会导致股权激励福利化。

（4）难以建立信任

在实施股权激励时，领导者会有很多困惑和疑问，比如，团队成员股权回购，会不会把股权变现之后就不做事了？当前团队成员还没有达到要求，给他们激励会不会变成"养懒汉"？候选合伙人也会有许多疑问，比如，目标每年制定一次，如果目标持续提高但达不成怎么办？如果达成了目标，不按约定兑现激励怎么办？这些困惑和疑问，归根结底是利益相关者之间没有建立起信任关系。

2. 事业合伙人机制要点

现在，事业合伙人机制是企业界的热点话题，它并不是企业要追逐的风口，而是企业随时代发展走向的必然结果，即人力资本在企业经营中的重要程度越来越高。那么，如何让人力资源通过智力贡献在"资合"的结构下形成"智合"的逻辑，是事业合伙人机制的本质问题。

事业合伙人机制不仅仅是一种激励手段，更是一种企业持续发展的战略动力机制，是一种企业成长与人才发展的长效机制，是一项涉及企业战略创新、治理结构优化、组织与人的关系重构的系统工程。推行事业合伙人机制，不只是设计一个制度、做一个方案，它是推动企业转型升级的重要抓手，与企业文化息息相关。

华夏基石事业合伙人机制克服传统价值激励机制的内在缺陷，在实践过程中形成了如下要点：

（1）分层分类

对于一般的企业来说，不同层级员工所掌握的要素资源是不同的，合伙人的价值创造点也是不同的，所以不同层级合伙人获取回报的方式也应该是不同的。一级合伙人不以短期利益为追求目标，扛起企业长期发展的使命和责任，眼前赚钱的事要干，不赚钱的事也要干。相较而言，二级合伙人与员工则树立一些简单易见的目标，完成具体板块或者项目的经营目标和战略目标。

另外值得注意的是，价值激励机制要跟合伙人团队的特征相匹配，企业会有多个处于业务发展不同阶段的业务板块，每个业务板块所需要的合伙人团队的特点是不一样的，所以价值激励机制的选择往往也是差异化的。

（2）增量分配

所谓增量是各个产业要素要基于长板合作，创造出比合伙之前更大的新价值。新价值可以是销售规模扩大，也可以是利润率提高。通过事业合伙人机制可以进行市场、研发等多方面协同，提高资金使用率，效率自然就提升了。增量也可以体现在市场流量的增加、管理价值的增加等短期不能用财务指标直接体现的方面，它们也关系到企业竞争力的提升。强调增量分配原则，实际上强调的是共创，即首先创造价值，再来分享价值。

（3）股权动态调整

如何实现股权动态调整？达到战略任务的目标，就能拿股权，否则就不能拿股权。在已经授予股权的情况下，业绩未达到的部分，由普通合伙人进行回购，这样就实现了股权动态调整。一般情况下，企业里往往是先进入的股东占有绝大部分股权，后续进来的人几乎没有可分配的空间，这样会对吸纳优秀人才形成阻碍。坚持股权动态调整原则有利于不断地引进新的人才，股权动态调整也是华夏基石在业内的首创，并在企业内部试点。华夏基石所有创始合伙人的股权都要跟实际贡献挂钩。如果创始人贡献度不够，就面临着被其他的一级合伙人，以及新晋的充满活力的二级合伙人稀释股权。所以合伙人如果不想被稀释股权，就得持续奋斗，创造增量价值。

（4）坚持共担

华夏基石事业合伙人机制的理论核心就是"四共"——共识、共担、共创、共享。其中共识是不言自明的基础，共创、共享是被普遍接受和理解的，但是共担往往会被忽略。近几年事业合伙人机制受到广泛关注，但是很多企业在引入时没有领悟到其中的精髓，只是把事业合伙人机制简单设计成了分股权的股权激励方案，强调了共享，却忽视了共识和共担的前提。这就是为什么有的企业在面对危机的时候，合伙人缺少主动分担精神。事业合伙人甄选更看重的是候选人在价值观上是否与企业高度一致，候选人是否有持续奋斗的意愿，是否敢于担当。不愿意与企业事业共担，就不能被称为合格的事业合伙人。

企业引入事业合伙人机制，将实现把员工变成老板、把职业经理人变成创业者、把搭车人变成奋斗者、把老板一个人奋斗变成一个团队共同奋斗、把各单元独立作战变成军团作战、把各种稀缺能力组织在一起产生协同协应，推动企业进化。

图书在版编目（CIP）数据

战略的战略：企业进化罗盘与顶层设计 / 马魁泉著. -- 北京：中国人民大学出版社，2024.1
ISBN 978-7-300-32234-6

Ⅰ.①战… Ⅱ.①马… Ⅲ.①企业战略－研究 Ⅳ.①F272.1

中国国家版本馆 CIP 数据核字（2023）第 193428 号

战略的战略
——企业进化罗盘与顶层设计

马魁泉　著

Zhanlüe de Zhanlüe——Qiye Jinhua Luopan yu Dingceng Sheji

出版发行	中国人民大学出版社			
社　址	北京中关村大街 31 号		邮政编码	100080
电　话	010-62511242（总编室）		010-62511770（质管部）	
	010-82501766（邮购部）		010-62514148（门市部）	
	010-62515195（发行公司）		010-62515275（盗版举报）	
网　址	http://www.crup.com.cn			
经　销	新华书店			
印　刷	北京联兴盛业印刷股份有限公司			
开　本	890 mm×1240 mm　1/32		版　次	2024 年 1 月第 1 版
印　张	10.375 插页 1		印　次	2024 年 1 月第 1 次印刷
字　数	199 000		定　价	69.00 元

版权所有　　侵权必究　　印装差错　　负责调换